GRAMMAIRE
DE
LA LANGUE TIBÉTAINE.

PARIS.

LIBRAIRIE ORIENTALE DE BENJAMIN DUPRAT,

LIBRAIRE DE L'INSTITUT, DE LA BIBLIOTHÈQUE IMPÉRIALE ET DU SÉNAT,
DES SOCIÉTÉS ASIATIQUES DE PARIS, DE LONDRES,
DE CALCUTTA ET DE MADRAS, ETC.

Rue du Cloître-Saint-Benoît, n° 7.

PRIX : 3 FRANCS.

GRAMMAIRE

DE

LA LANGUE TIBÉTAINE

PAR PH. ÉD. FOUCAUX,

MEMBRE DE LA SOCIÉTÉ ASIATIQUE,

PROFESSEUR DE LANGUE TIBÉTAINE À L'ÉCOLE IMPÉRIALE DES LANGUES ORIENTALES,

CHARGÉ DU COURS DE SANSCRIT AU COLLÉGE IMPÉRIAL DE FRANCE.

PARIS.

IMPRIMÉ PAR AUTORISATION DE L'EMPEREUR

A L'IMPRIMERIE IMPÉRIALE.

M DCCC LVIII.

A MONSIEUR STANISLAS JULIEN,

MEMBRE DE L'INSTITUT,
PROFESSEUR DE LANGUE ET DE LITTÉRATURE CHINOISES,
ADMINISTRATEUR DU COLLÉGE IMPÉRIAL DE FRANCE.
ETC. ETC. ETC.

HOMMAGE RESPECTUEUX DE L'AUTEUR.

PRÉFACE.

C'est seulement en 1834 que parut la première grammaire tibétaine composée pour les Européens. Rédigée en anglais et publiée à Calcutta par le célèbre voyageur Alexandre Csoma de Körös, elle avait été précédée, au commencement de la même année, par un dictionnaire tibétain-anglais du même auteur. Ces deux ouvrages sont les premiers qui aient pu servir d'une manière vraiment utile pour étudier la langue tibétaine; car il ne faut compter comme livre élémentaire ni le volumineux in-4° publié à Rome en 1759, par le P. Georgi, sous le titre de *Alphabetum tibetanum*, ni l'extrait du même ouvrage qui parut avec le même titre (in-8°, Romæ, 1773).

On ne peut regarder non plus comme une grammaire tibétaine trente-cinq pages auxquelles on a donné ce titre, et qui se trouvent en tête du dictionnaire tibétain-anglais édité à Sérampore, en

1826, par John Marshman, d'après un manuscrit de Schrœter.

Aussi dès l'année 1839, c'est-à-dire moins de cinq ans après la publication de la grammaire de Csoma, I. J. Schmidt en publiait une nouvelle à Saint-Pétersbourg, rédigée en allemand, et qui, à peu de chose près, n'est que la traduction de celle de Csoma.

Dans la grammaire tibétaine qui suit, j'ai cherché à abréger, autant que cela était possible sans nuire à la clarté, les deux ouvrages du même genre qui l'ont précédée, et je me suis efforcé de la mettre au niveau des connaissances acquises par les derniers travaux dont la langue tibétaine a été l'objet. J'ai souvent insisté sur l'influence que le sanscrit a exercée sur la langue des Lamas, parce qu'il m'a semblé qu'un livre destiné à des Européens devait être rédigé surtout en vue de ce qui constitue pour eux le principal intérêt de la langue du Tibet, c'est-à-dire sa volumineuse littérature, composée presque uniquement de livres qui traitent de l'histoire et des doctrines du bouddhisme.

Pour cela il fallait à chaque instant se référer à la langue sanscrite, et l'on verra, au chapitre consacré à la traduction des prépositions de cette langue, quel avantage peut retirer de la comparaison des deux idiomes celui qui unira la connaissance du sanscrit à celle du tibétain. Quand même, en lisant les livres traduits du sanscrit, c'est-à-dire presque tous ceux qui composent la littérature sacrée du Tibet, on n'aurait pas sous les yeux l'original indien, la connaissance de la langue sanscrite serait encore d'un très-grand secours, outre qu'elle est indispensable pour rétablir les noms propres devenus méconnaissables en passant du sanscrit en tibétain, parce qu'au lieu de se borner à transcrire le son du mot, les interprètes se sont appliqués à en reproduire la signification.

Je n'ai point consacré de chapitre aux *postpositions*, ainsi que l'ont fait Csoma et après lui Schmidt. Il eût fallu d'abord répéter avec eux ce qui avait été déjà dit pour les signes des cas ; puis, comme nous sommes accoutumés à trouver en latin des expressions telles que *Dei gratia, vobiscum, orientem versus, leonis instar, nomine tenus*, etc. où les mots *gratia, cum, versus*, etc. sont placés après le nom qu'ils régissent, de la même manière que ceux qui leur correspondent en tibétain, il ne m'a pas paru absolument nécessaire d'établir une nouvelle classe de mots.

PRÉFACE.

Au reste, il y aurait une étude à faire sur les particules que Csoma appelle postpositions; mais, pour cela, il faudrait savoir au juste quelle a été la part d'influence exercée par les grammairiens indiens, quand ils ont calqué la déclinaison du tibétain sur celle du sanscrit; et nous n'avons à Paris ni texte antérieur à cette influence, ni grammaire indigène qui nous fixe à ce sujet. On peut, dès à présent, remarquer que, pour produire les désinences de certains cas, plusieurs particules se fondent de telle sorte avec la racine, qu'elles forment une véritable inflexion, comme : *dgar* « dans la joie », *dpas* « par le héros » (Gramm. 32, n° 28), *sai* (prononcez *sé*, et comparez la forme latine archaïque *terrai* pour *terræ*) « de terre ». Enfin le changement euphonique que subit la lettre initiale de toutes ces particules, sauf deux, en fait autre chose que des mots complétement indépendants : cela ressemble déjà à un commencement d'inflexion.

INTRODUCTION.

I.

La langue tibétaine a déjà été plusieurs fois l'objet d'études de philologie comparée, et, sans parler du travail d'Abel-Rémusat, dans son livre intitulé *Recherches sur les langues tartares*, sur lequel je reviendrai tout à l'heure, je citerai deux ouvrages publiés un peu plus tard en Allemagne, lesquels traitent de l'affinité du tibétain avec des langues si différentes les unes des autres, qu'il semble bien difficile d'accepter les conséquences que les auteurs se sont efforcés de tirer de leur travail.

Le premier de ces ouvrages est de M. Xylander. L'auteur y rapproche du grec le mongol, le mandchou, le chinois et le tibétain, etc. et à la fin du chapitre consacré à ce dernier, il termine en disant : «On peut avancer ici, comme résultat définitif, que la langue des Tibétains a, en même temps que le reste des langues tartares, une connexion intime d'origine avec le grec, etc.[1] »

Je ne partage pas l'opinion de M. Xylander, au moins à l'égard du tibétain, parce que je suis convaincu que son travail sur cette langue ne pourrait supporter une analyse rigoureuse. Quant au livre de M. Wülner[2], je ne le connais

---

[1] *Das Sprachgeschlecht der Titanen,* von J. Ritter von Xylander. Frankfurt am Main, 1837, in-8°, p. 381.

Citons encore pour ne rien omettre :

Comparison of the various alpine dialects from the Indus to the Ghâgra, dans le livre : *Ladak and the surrounding countries,* by Alexander Cunningham; London, 1854, gr. in-8°, p. 397.

Une lettre de M. B. H. Hodgson sur l'identité des langues tartares et des langues des aborigènes de l'Inde. — *Journ. asiat.* février-mars 1856, p. 243.

Par le même : un développement du même sujet dans un vol. in-8° imprimé à Calcutta en 1857, sous le titre de : *Selections from the records of the government of Bengal,* n° XXVII.

A comparative Grammar of the Dravidian or South-Indian family of languages, by Rev. Caldwell; London, 1856, in-8°, ouvrage dans lequel l'auteur n'admet pas la théorie de M. Hodgson sur l'identité des langues du midi de l'Inde avec les dialectes de l'Himâlaya et du Boutan.

On peut voir aussi, dans *The Journ. of the Indian archipelago,* 1855-1857, un long travail de linguistique comparée, par M. J. R. Logan, où le tibétain se trouve compris.

[2] *Ueber die Verwandtschaft des Indo-Germanischen, Semitischen und Tibetanischen.* Münster, 1838, in-8°.

pas; mais je n'avais pas besoin de connaître le jugement qu'en a porté M. Ant. Schiefner[1], excellent juge en cette matière, pour regarder d'avance comme très-hasardé un rapprochement entre le tibétain et les langues indo-germaniques et sémitiques.

Je sais bien que certains mots tibétains peuvent donner carrière à l'imagination de ceux qui se laissent facilement entraîner, et je citerai, entre autres, les mots བལ (*bal* ou *val*) «laine» et ལེ་ན (*lé-na*) «duvet qui croît sous la laine des chèvres». On peut comparer le premier au latin *vellus*, à l'allemand *wolle* et à l'anglais *wool*. Le second répondrait au latin *lana* et au grec λάχνη et χλαῖνα; mais je ne crois pas qu'il y ait dans la langue tibétaine beaucoup de mots de ce genre. Ici, d'ailleurs, il ne faut pas oublier que le Tibet étant le pays de la laine par excellence, si la ressemblance des deux mots tibétains avec les mots grecs, latins, allemands et anglais, n'est pas simplement l'effet du hasard, elle peut n'être rien de plus qu'un fait isolé, produit par des rapports de commerce.

On pourra, si l'on veut, comparer le tibétain à l'anglais, en remarquant que les infinitifs se forment dans les deux langues en mettant la racine verbale au locatif. Ainsi de བལྟ་བ *lta va* «vue» se forme བལྟ་བར *lta var* «voir» (Gramm.

---

[1] *Tibetische Studien*. On peut voir plus loin, p. 105, un extrait du travail de M. Schiefner.

n° 69), de même qu'en anglais *to-look* est formé de *look* avec *to* «à, vers, pour». On pourra remarquer, de plus, que les participes peuvent se former en tibétain en ajoutant à la racine les terminaisons *tching*, *jing* ou *ching*, dont la première lettre ne varie que pour l'euphonie (Gramm. n° 12); ainsi བྱ་ཞིང *lta jing* «voyant» est formé en ajoutant *jing* à la racine, de même que l'est en anglais *looking*, en faisant suivre la racine *look* de la terminaison *ing*. Mais si ce qui précède peut donner lieu à une comparaison entre les deux langues, il est évident qu'y voir un commencement d'affinité serait aller trop loin.

La langue tibétaine est peut-être une de celles qui exigent l'étude la plus avancée pour qu'on puisse, sans s'égarer, traiter de son affinité avec une autre. La grande quantité de lettres muettes (du moins suivant la prononciation moderne) dont son orthographe est chargée peut, à chaque instant, induire en erreur celui qui n'a pas une idée précise de la valeur de ces lettres. Et ce n'est pas là le seul écueil; car il faut aussi avoir soin de ne pas perdre de vue le changement des lettres sourdes en sonores, des douces en aspirées, etc. qui a lieu à chaque instant pour la formation des temps des verbes. (Voy. p. 110 et suiv.)

Enfin les mots composés peuvent amener une suite d'erreurs non moins graves, si l'on n'a égard qu'à leur prononciation, sans avoir soin de se rendre compte de l'idée qui a produit la réunion de leurs divers membres. J'en citerai un exemple emprunté à l'ouvrage de M. Xylander, dont je parlais tout à l'heure. Selon lui, le mot tibétain མར་མེ mar mé (qu'il transcrit à tort mar mi, et qu'il traduit par lanterne) a de l'analogie avec le grec μαρμαίρω «briller». Si M. Xylander avait analysé le composé tibétain, il aurait vu que mar signifie beurre (comme il l'a bien traduit p. 272, où il le compare au grec μῦρον) et que mé a le sens de feu (bien traduit encore par lui p. 273, et rapproché du grec μίω). Le sens du composé tibétain est donc feu de beurre, c'est-à-dire, lampe, parce que l'on se sert au Tibet de beurre fondu pour alimenter les lampes. M. Xylander, en y regardant de plus près, se serait aperçu que les éléments de μαρμαίρω ne se trouvent plus dans les deux mots grecs qu'il a comparés en particulier à chacun des membres du composé tibétain, et cette simple remarque l'aurait fait renoncer au rapprochement qu'il propose.

On le voit, la recherche des origines d'une langue et de son affinité avec une autre est toujours une chose délicate, parce qu'on se trouve placé aussitôt sur une pente glissante où l'on est facilement entraîné à des rapprochements douteux, sinon complétement impossibles. La difficulté augmente encore quand il s'agit, comme ici, d'une langue monosyllabique, où tout changement de prononciation défigure un mot et le rend méconnaissable. Nous avons un exemple de cette facilité à se laisser entraîner dans le chapitre consacré au tibétain par Abel-Rémusat dans ses *Recherches sur les langues tartares* (p. 351, 369 et 370). Il est vrai que cet illustre orientaliste écrivait ce livre il y a près de quarante ans, et ce serait son excuse s'il n'avait pas eu le soin de faire lui-même ses réserves. Ne prenons donc de son travail que ce qui reste bien acquis, au point où sont parvenues aujourd'hui les études tibétaines, et constatons qu'il fait remarquer presque à chaque page un grand nombre de mots communs au chinois et au tibétain (p. 354, 362, 368, 389 et 392). Parfois même il signale l'accord de la syntaxe des deux langues, comme il arrive, par exemple, pour la position des noms de nombre qui doivent suivre le substantif (p. 364).

Nous voyons ensuite Abel-Rémusat chercher la cause de l'un des caractères les plus remarquables de l'idiome écrit du Tibet, c'est-à-dire la multiplicité de certaines consonnes groupées autour d'une syllabe pour distinguer les sens différents que peut avoir cette même syllabe. Toutefois, quelque naturelle que lui paraisse l'explication qu'il donne de ce fait, il hésite à la regarder comme satisfaisante et semble même y renoncer complétement (p. 355 et suiv.).

Si, en effet, en voyant l'orthographe des mots ཀ *rka* « canal », དཀའ *dkah* « difficile », བཀའ *bkah* « commandement », བསྐ *bska* « amer », qui tous, dans la prononciation moderne, ont le son de *ka*, on pouvait être tenté de croire que les Tibétains avaient imité le système chinois, il y aurait, par contre, bien des cas où cette imitation n'apparaîtrait que comme un embarras inutile. Dans l'exemple qui vient d'être cité, il a pu être nécessaire, pour distinguer les sens divers que peut présenter à l'esprit le son de *ka*, de lui adjoindre une ou plusieurs lettres, tout comme le chinois modifie le sens d'un caractère primitif ou clef en y ajoutant un ou plusieurs traits. Mais à quoi servent en tibétain, s'ils n'ont jamais été prononcés, les préfixes qui se trouvent dans les formes de verbes telles que འདེབས *hdebs* «jette», བཏབ *btab* «jeta», et གདབ *gdab* «jettera», etc. où le changement de la syllabe radicale suffit pour distinguer les temps, et quand les mots དེབས, ཏབ, དབ n'existent pas d'ailleurs à l'état simple? Pourquoi, au contraire, ne pas distinguer par un préfixe les deux sens de མི *mi*, qui signifie tantôt «homme» et tantôt «non», et les trois sens de མ *ma*, qui exprime aussi la négation et signifie de plus «mère», et enfin «somme d'argent, capital»?

La comparaison de l'écriture chinoise avec celle du Tibet ne nous apprend rien ici; car on y trouve quelquefois justement le contraire du système tibétain, c'est-à-dire l'emploi de deux caractères différents pour écrire le même son.

Si l'on parvenait à prouver que le système de lecture du chinois a été appliqué au tibétain, on mettrait en lumière un phénomène singulier qui ferait du dernier un idiome hybride, à la fois phonétique et idéographique. Mais il est bien difficile d'admettre ce mélange; il semble plutôt que la prononciation adoucie des Tibétains d'aujourd'hui est tout simplement l'effet qui s'est produit sur toutes les langues longtemps parlées; seulement on n'a pas changé l'orthographe à mesure que la prononciation variait, sauf dans quelques mots, comme on peut en voir des exemples ci-dessous, pages 7 et 41, en note.

Dans l'excellent travail que M. Anton Schiefner a donné sur la grammaire tibétaine (voyez-en un extrait, page 105 de cette grammaire), il s'est particulièrement occupé des lettres muettes, et je renvoie à son ouvrage les personnes que ce sujet peut intéresser.

Nous avons vu précédemment que des analogies nombreuses et frappantes avaient été signalées par Abel-Rémusat entre le chinois et le tibétain. Eh bien, malgré ces analogies, et par une contradiction difficile à expliquer, l'illustre sinologue s'obstine à renvoyer vers le sanscrit et les idiomes vulgaires de l'Inde ceux qui voudraient rechercher les origines de la langue des Lamas. Cette opinion est désormais condamnée par la comparaison suivie qu'on a pu faire de plusieurs ouvrages originaux sanscrits avec leurs traductions tibétaines, dans lesquelles on voit bien, il est vrai, les interprètes s'efforcer d'imiter en tout le style des livres indiens, mais toujours à l'aide des éléments que leur fournit leur propre langue, et jamais en empruntant les racines de l'idiome étranger, ce qui n'eût pas manqué d'arriver fréquemment, si les deux langues avaient une origine commune. Les mots sanscrits qu'on rencontre assez souvent transcrits tout d'une pièce dans les livres tibétains ne sont que des noms d'animaux, d'arbres ou de plantes que le Tibet ne produit pas, ou des noms propres d'hommes ou de lieux, dont la signification n'est pas assez nette pour se prêter à une traduction exacte, et encore y a-t-il parfois des mots transcrits, bien que la traduction existe; car les interprètes n'en ont guère laissé sans les traduire.

Ce n'est donc pas dans les dialectes de la famille sanscrite qu'il faut aller chercher les affinités du tibétain, mais dans le chinois, le birman, le siamois et l'annamite; affinités qui s'expliquent d'ailleurs naturellement par le cours des fleuves qui descendent des montagnes du Tibet pour arroser les contrées habitées par les peuples que je viens de nommer.

II.

On sait quelle influence considérable les traductions des classiques de l'antiquité grecque et romaine, et surtout celles de la Bible, ont exercée sur la formation des langues modernes de l'Europe. Un travail qui rechercherait si une influence du même genre s'est produite en Asie et en Afrique ne serait-il pas digne d'être entrepris ? Il faudrait pour cela étudier le développement de la littérature arabe sous l'influence des derniers représentants de l'école d'Alexandrie, développement auquel nous devons la traduction de plusieurs ouvrages grecs dont les originaux sont perdus. Cette étude serait une occasion de rechercher si la langue grecque a laissé quelques traces de son influence sur l'arabe, d'examiner en même temps le mouvement littéraire de l'Espagne au temps des Maures, et enfin d'apprécier l'influence de l'arabe sur la langue et la littérature espagnoles[1]. Puis, en agrandissant le cercle, et en passant à une autre civilisation, l'on étudierait les traductions des livres bouddhiques sanscrits faites par les Chinois, les Tibétains, les Mongols, les Siamois, les Birmans et les Japonais. La tâche, on le voit, est au-dessus des forces d'un seul homme, et s'il en est parlé ici, c'est, d'abord, à cause de l'intérêt que le sujet présente en général, et, en second lieu, c'est que, dans le cours de la grammaire tibétaine, les occasions d'étudier l'une des faces les plus intéressantes de cette question se présenteront à chaque instant.

L'exemple d'un peuple sans culture littéraire, sans écri-

[1] Il existe un ancien ouvrage de Sarmiento où il est question de ce sujet.

ture, adoptant la religion et les livres d'un autre peuple, et se créant ainsi en peu de temps une littérature volumineuse et raffinée, ne peut manquer de jeter quelque lumière sur l'un des points de la grande question posée tout à l'heure.

On ne comprendrait guère comment une métaphysique aussi abstruse dans ses développements mystiques que l'est celle du bouddhisme a pu être comprise et acceptée si promptement par des montagnards ignorants, si l'on ne savait que les traductions du sanscrit en tibétain des livres religieux du bouddhisme sont dues, à quelques exceptions près, à des savants indiens.

Lorsque, vers la fin du VIe siècle, les bouddhistes, chassés par la persécution, abandonnaient l'Hindoustan pour se réfugier dans les contrées voisines, ceux qui entrèrent dans le Tibet trouvèrent un peuple qui n'avait pas d'écriture, et dont la culture intellectuelle était peu avancée, puisque les dogmes de sa religion se transmettaient par la tradition, et que, suivant les Chinois, il conservait la mémoire des faits historiques à l'aide de cordelettes nouées, comme cela se pratiquait anciennement au Pérou[1].

---

[1] Puisque j'ai nommé une contrée de l'Amérique, je saisis cette occasion pour citer un intéressant passage des *Promenades en Amérique,* de M. Ampère :

«La plus curieuse des quatre langues du Mexique est l'othomi, parlée par des montagnards qui sont toujours représentés comme moins civilisés que les Aztèques. Cette langue, qui probablement fut celle d'une portion des habitants très-anciennement établie dans le pays, est remarquable par un certain nombre de points de ressemblance assez frappants avec une langue qui ne ressemble à aucune autre, le chinois. En effet, comme le chinois, l'othomi est presque purement monosyllabique. Les mots sont en général dépourvus de toute flexion grammaticale; l'accentuation en change entièrement le sens, ce qui, comme on sait, est propre à la langue chinoise. «Leur «langage, dit Herrera, en parlant des Othomis, est fort grossier et «bref. Une même chose étant proférée en hâte, posément, haute ou «basse, a diverses significations (IIIe décade, liv. IV, ch. xix).» Dans l'othomi, ainsi que dans le chinois, le même terme peut être employé comme substantif, comme adjectif, comme verbe, et signifier tour à tour, par exemple, *amour, aimant, aimer*[*].

Enfin un certain nombre de mots sont identiques ou extrêmement semblables dans les deux idiomes. Je sais qu'il ne faut pas donner une importance exagérée à ces ressemblances, que le hasard peut produire... Cependant un certain nombre de termes semblables est un fait qu'on ne saurait négliger; la singularité même des mots chinois, si différents par leur caractère et leur aspect des mots usités dans tous les autres idiomes, donne plus de couleur aux rapprochements qu'on peut établir entre cette langue et l'othomi. Voici

---

[*] Ce qui est aussi l'un des caractères de la langue tibétaine. (E. F.)

INTRODUCTION. XXIII

livres de la loi rédigés primitivement en sanscrit. Deux raisons devaient leur faire attacher une grande importance à ces traductions. La première était de rendre les livres

quelques exemples de mots qui sont identiques ou extrêmement semblables dans les deux langues :

	Chinois.	Othomi.
Je, moi,	*ngo*,	*nga*, *nuga**.
Faire,	*tso*,	*tsa**.
Femme,	*niu*,	*ntsu*.

Outre l'analogie singulière de ces mots othomis avec les mots chinois correspondants, ils ont une ressemblance de physionomie, pour ainsi dire, qu'on ne trouverait, je crois, dans aucun des idiomes connus, tous si radicalement différents du chinois**. Ces deux langues présentent aussi plusieurs rapports grammaticaux assez importants que je ne puis indiquer ici. (Ces rapports sont exposés dans une dissertation en latin et en espagnol de Fr. Manuel Crisostomo Naxera : *Disertacion sobre la lengua othomi*, 1845, dont un extrait a été publié en français, dans les *Recherches sur les antiquités de l'Amérique du nord et de l'Amérique du sud*, de Warden.)

Cette curieuse analogie de l'othomi et du chinois, rapprochée du type tartare qui m'a frappé chez certains Indiens du Mexique et dans plusieurs statues mexicaines, est favorable à l'opinion avancée par divers savants, dont le plus illustre est M. de Humboldt (M. de

---

* Ces deux mots sont encore plus près du tibétain que du chinois. *Je, moi*, en tibétain ཏ *nga*. *Faire*, མཛད *mtsad* qu'on prononce *tsad*.

** On vient de voir que ce n'est pas le cas pour le tibétain. (E. F.)

de la loi nouvelle accessibles à tous, et d'empêcher que la doctrine ne s'altérât et ne se perdît. La seconde était de donner une vie nouvelle aux livres sanscrits, qui, dès cette époque, couraient le risque d'être mal compris. Déjà, en effet, avait lieu dans l'Inde, sur la langue sacrée des brahmanes, le travail de décomposition qui devait produire, de ses débris combinés avec d'autres idiomes, les langues modernes de l'Hindoustan.

Mais, quand ils provoquaient le grand mouvement religieux et littéraire qui allait donner aux Tibétains une col-

Humboldt a particulièrement insisté sur l'analogie du cycle mexicain et des cycles chinois et tartares), opinion qui fait venir au Mexique une émigration du nord de l'Asie. Le passage est si aisé de cette partie du rivage asiatique sur le continent américain, que les Tchouktchas franchissent chaque année le détroit, pour aller chercher en Amérique les pelleteries qu'ils viennent vendre dans les villages de Sibérie. (Voy. Wrangel, le *Nord de la Sibérie*, t. I, p. 249.) Il resterait à expliquer comment des peuples d'origine tartare se seraient avancés si haut vers le nord dans des régions affreuses et désertes. Ce n'est pas le mouvement naturel des émigrations... Sans nous éloigner de pays qu'on a considérés comme le point de départ des migrations aztèques, on voit dans l'ouvrage de l'amiral Wrangel, que je citais tout à l'heure, les Asmoks fuir au nord devant des populations venues des bords de l'Anadir et des steppes de l'Amour, et arriver précisément dans les pays misérables d'où les populations parties des frontières de la Chine ont pu passer en Amérique.» (*Revue des Deux Mondes*, 1853. t. IV, p. 93-95.)

lection de livres sacrés qui ne forme pas moins de trois cents volumes, les bouddhistes indiens ne se doutaient guère que le tibétain, — comme le latin en Europe, à l'exclusion de l'hébreu, — deviendrait en Chine et dans toute la haute Asie, jusqu'aux confins de la Russie, la langue sacrée du bouddhisme, et qu'il servirait le plus souvent, au lieu des originaux sanscrits, de texte aux traductions mongoles et mandchoues.

Ce mouvement religieux et littéraire avait lieu au Tibet environ un siècle avant l'époque où Charlemagne donnait aux lettres latines en Europe cette dernière et puissante impulsion qui se continua en s'affaiblissant jusqu'au xvie siècle.

La tâche des bouddhistes indiens consistait donc,

1° A donner une écriture aux Tibétains;

2° A fixer leur langue par une orthographe régulière;

3° A traduire les livres sacrés.

La première partie de la tâche était facile. L'alphabet sanscrit usité à cette époque dans le nord de l'Inde fut adopté. Seulement on inventa quelques signes nouveaux pour représenter des articulations étrangères à la langue sanscrite, de même qu'on laissa de côté quelques lettres indiennes inutiles pour la prononciation du tibétain.

Ce fait, si souvent répété, de l'adoption d'un alphabet étranger, fait voir que l'écriture doit être comptée pour rien dans l'affinité d'une langue avec une autre. Cette remarque est désormais si vulgaire, qu'il devient inutile de la faire.

Quant à la seconde partie de la tâche, relative à l'orthographe tibétaine, il y avait, à ce qu'il paraît, une assez grande difficulté à vaincre : celle de distinguer clairement par l'écriture le son, et, par cela même, le sens de certains monosyllabes qui différaient peu les uns des autres.

De là sera venue la multiplicité de ces lettres qui semblent inutiles, si l'on n'a égard qu'à la prononciation adoucie de Lhassa, où on laisse à peu près inarticulées toutes les consonnes qui entourent la syllabe radicale, afin d'en fixer le sens. Mais il ne faut pas oublier que les habitants de quelques provinces, et, entre autres, ceux du Gombo (*Alphabetum tibetanum*, in-8°, p. 85), cherchent à prononcer toutes les lettres, d'où l'on peut inférer qu'au temps de la conversion des Tibétains au bouddhisme la prononciation était, à peu de chose près, d'accord avec l'écriture. Nous avons, en outre, dans l'avis des grammairiens indigènes, qui conseillent de prononcer comme on écrit, un argument en faveur de cette opinion. (Voy. dans la grammaire, p. 109.)

En cherchant les raisons qui ont fait adopter aux Tibétains un système orthographique qui nous paraît très-compliqué, il faut remarquer que plus une langue a été longtemps parlée avant d'être écrite, — ce qui est justement le cas ici, — plus son orthographe doit être compliquée. Cela doit venir nécessairement de ce que le vague de certaines articulations, augmenté par la suite du temps, exige, pour être fixé enfin, la réunion de plusieurs signes; et encore est-il douteux qu'on puisse reproduire exactement ces articulations d'après l'écriture, si on ne les a pas entendu prononcer.

Je n'oserais dire que les grammairiens tibétains, sous la direction de leurs savants maîtres indiens, sont parvenus, du premier coup, à résoudre complétement pour leur langue le problème difficile de l'accord de l'écriture avec le langage; mais, ce que je puis affirmer, c'est qu'Abel-Rémusat s'est trompé en avançant que l'orthographe tibétaine était irrégulière (*Rech. sur les langues tart.* p. 393). Rien de plus régulier, au contraire, et c'est une exception des plus rares que la rencontre, dans les livres imprimés au Tibet, de mots écrits contrairement à l'orthographe établie par les grammairiens.

Dans la troisième partie de la tâche des missionnaires bouddhistes, qui consistait à traduire les livres de la loi, le genre d'influence que le sanscrit a exercé sur le tibétain apparaît d'autant plus clairement, que les deux langues n'ont aucune affinité entre elles. Cette influence, qui se montre à chaque page dans les traductions, porte autant sur l'idée que sur la composition grammaticale proprement dite, et c'est là ce qui donne à l'étude comparée des deux idiomes un intérêt tout spécial.

Voici des exemples qui feront mieux comprendre ce qui précède.

L'expression tibétaine ཕུར་བུ (*phour bou*), qui est le nom de la planète Jupiter, répond au sanscrit *Vrihaspati*, nom du régent de cette planète, identifié avec elle dans le langage astronomique; puis, ce personnage étant regardé comme le précepteur des dieux et celui qui leur a enseigné la morale, on a fait venir de son nom sanscrit primitif le dérivé *vârhaspatya*, qui signifie «morale» en général. Les traducteurs tibétains, dans leur désir de tout rendre avec exactitude, ont suivi pas à pas l'idée contenue dans le mot sanscrit original, et ils ont traduit *vârhaspatya* par ཕུར་བུའི་ལུགས *phour bouhi lougs*, litt. «les préceptes de la planète Jupiter» c'est-à-dire «la morale»[1].

L'un des noms sanscrits de l'abeille est *bhramara*, lequel contient deux *r*, d'où un autre nom de l'abeille, *dvirêpha*, c'est-à-dire «qui contient deux lettres *r*». On a dit de même en tibétain : ར་ཡིག་གཉིས་པ *ra yig gñis pa* «qui a

[1] *Rgya tch'er rol pa* (Lalita vistara), in-4°, Paris, Imprimerie royale, 1847, t. I, p. 140, lig. 1; t. II, p. 151 de la traduction. — Voyez dans la grammaire, p. 177, en note, une expression du même genre.

deux lettres *r* ». La satisfaction du traducteur a dû être complète en retrouvant par hasard, dans l'un des noms tibétains de l'abeille, ཤྲང་རྩིའི་བུང་བ་ *sbrang rtsi hi boung va* « mouche à miel », la justification de l'étymologie.

La langue primitive du Tibet devait être simple et peu propre à exprimer les idées abstraites. Il est facile de se convaincre de son peu d'aptitude à rendre les abstractions, en voyant les expressions relatives à cet ordre d'idées formées par des alliances de mots presque toutes calquées sur les correspondants sanscrits à l'aide des éléments que pouvait fournir la langue tibétaine. Si l'on a un reproche à faire aux traducteurs tibétains, c'est d'être préoccupés de l'exactitude et du sens littéral; on peut souvent se plaindre qu'ils traduisent trop. Cela peut venir de ce que les traductions qui forment la collection des livres sacrés ont été presque toutes faites par des Indiens et seulement revues par des Tibétains. Ces derniers, dominés par le savoir de ceux qui leur avaient apporté une religion et une littérature, n'ont dû toucher qu'avec la plus grande réserve au travail de leurs maîtres, si même ils ne l'ont pas, le plus souvent, accepté sans le modifier en rien.

Quand les idées, en passant d'une langue dans une autre, trouvent, pour être reproduites, un idiome qui a un système de composition analogue, comme, par exemple, l'allemand à l'égard du grec, on comprend que le traducteur puisse pousser jusqu'à l'abus l'imitation du style de l'original. Cela peut résulter, à l'insu même de l'interprète, soit de son respect pour un texte sacré, soit de la préférence qu'il accorde à un auteur favori. Mais si, obligé de se servir d'une langue peu flexible et qui, comme le tibétain, se prête peu à former des composés, le traducteur s'efforce d'imiter en tout une langue comme le sanscrit, c'est-à-dire l'idiome le plus riche et le plus souple dont on se soit jamais servi, il est probable que, malgré toute l'habileté que peut déployer ce traducteur, il changera le caractère primitif de la langue qu'il emploie, et qu'il en fera un langage à part, compris seulement des savants[1].

Cet inconvénient avait été prévu dès le rincipe, et pour y remédier on avait préparé des vocabulaires, afin qu'on employât toujours, pour traduire les expressions sanscrites, les mêmes équivalents tibétains, lesquels, en vertu de ce

[1] C'est justement ce qui est arrivé au tibétain, d'après les relations des missionnaires. En voici un exemple récent emprunté à un Voyage publié en 1854 :

«Jusqu'à cette époque, je n'avais point encore trouvé de véritable maître de langue; car ceux qui m'avaient précédemment donné des leçons ou ignoraient la langue écrite ou la savaient tellement mal que les mots qu'ils m'ont tracés de leur main sont pleins de fautes. Cette fois j'ai rencontré un professeur capable qui possède parfaitement sa grammaire tibétaine et qui est fort au courant des divers livres classiques, chose très-rare en ce pays. En effet, dans cette la-

système, devaient prendre toutes les acceptions du mot sanscrit[1]. On comprend combien, dans les matières philosophiques, la clarté et le style ont dû souffrir de cette manière de traduire; mais les traducteurs bouddhistes semblent se préoccuper beaucoup plus de l'exactitude que du style, et pourvu que la lettre s'y trouve, cela leur suffit. Eh bien, malgré les défauts des traductions faites d'après cette méthode, et peut-être justement à cause de ces défauts, leur secours est immense, quand on les a sous les yeux en même temps que les textes sanscrits originaux.

Si l'on demande maintenant ce que peut avoir gagné au contact du sanscrit la langue primitive du Tibet, il sera bien difficile de répondre d'une manière satisfaisante à cette question. Comme il ne se trouve à Paris aucun ouvrage purement tibétain, c'est-à-dire non traduit, et

maserie de Teun-tchéou-lin-iu, parmi les cinq cents Lamas qui la composent, très-peu comprennent les livres de prières que tous pourtant savent lire et réciter, et quatre seulement passent pour savoir la langue par principes et pour l'écrire correctement. »

Relation d'un Voyage au Tibet, par M. l'abbé Krick, suivie de quelques documents sur la même mission, par MM. Renou et Latry. In-12, Paris, 1854, p. 212.

[1] La Bibliothèque impériale possède deux de ces dictionnaires sanscrits-tibétains. L'un est extrait du *Tandjour* et porte le titre sanscrit de *Mahâvyoutpatti*. Il est rangé par ordre de matières; l'autre est un vocabulaire par ordre alphabétique.

composé complétement en dehors de toute influence extérieure, il n'est guère possible de se former une idée précise de la langue tibétaine dégagée de tout élément étranger.

S'il existe des recueils de légendes ou de chants populaires, qui aient pu se conserver dans la mémoire des Tibétains sans le secours de l'écriture, et avant son introduction dans leur pays, voilà les matériaux avec lesquels on pourra se former une idée juste de la langue tibétaine avant qu'elle ait été fixée par l'écriture. Tant que les livres de ce genre nous manqueront en Europe, on devra s'abstenir de porter un jugement sur l'état primitif de cet idiome, qui, tel qu'il est aujourd'hui, n'en mérite pas moins d'être étudié sous le double rapport de la philologie et de l'histoire religieuse et philosophique. Je m'estimerai heureux si cette nouvelle grammaire tibétaine fait faire un pas de plus à ces études, auxquelles s'intéressent les hommes les mieux doués de notre temps, et que plusieurs d'entre eux poursuivent avec autant de succès que d'ardeur.

Paris, ce 25 juillet 1858.

GRAMMAIRE
DE
LA LANGUE TIBÉTAINE.

DES LETTRES.

1. L'alphabet tibétain se compose de trente lettres simples :

ཀ *ka, k,*   ཁ *kha, kh,*   ག *ga, g,*   ང *nga, ng.*
ཙ *tcha, tch,*   ཚ *tch'a, tch',*   ཛ *dja, dj,*   ཉ *gna, gn.*
ཏ *ta, t,*   ཐ *tha, th,*   ད *da, d,*   ན *na, n.*
པ *pa, p,*   ཕ *pha, ph,*   བ *ba, va, b, v,*   མ *ma, m.*
ཙ *tsa, ts,*   ཚ *ts'a, ts',*   ཛ *dsa, ds,*   ཝ *wa, w, va, v.*
ཇ *ja, j,*   ཟ *za, z,*   ཧ *ha, h,*   ཡ *ya, y*[1].
ར *ra, r*[1],   ལ *la, l,*   ཆ *cha, ch,*   ས *sa, s.*
ཧ *h'a, h',*   ཨ *â.*

2. Les voyelles sont *a, i, ou, e, o,* sans distinction de brèves et de longues, en conservant un son moyen.

La voyelle *a,* toujours inhérente à chaque consonne, ne s'écrit que dans le cas où, à cause des préfixes (voy. n° 7), il pourrait y avoir confusion entre deux mots. Ainsi, dans

---

[1] Voy. aussi n°s 5 et 6 *a.*

མངའ *mngah*, l'*a* final est représenté par ཨ, pour avertir que མ est préfixe et doit rester muet; car, en écrivant མང, on prononcerait *mang*, qui signifie « nombreux », tandis que le premier signifie « avoir, posséder ».

Les autres voyelles s'expriment par des signes placés au-dessus et au-dessous des consonnes. EXEMPLES : ཀི *ki*, ཀུ *kou*, ཀེ *ke*, ཀོ *ko*, et de même pour les autres lettres.

3. Les cinq voyelles, au commencement d'un mot, s'écrivent : ཨ *a*, ཨེ *e*, ཨི *i*, ཨུ *ou*, ཨོ *o*, ou bien འ, འེ, འི, འུ, འོ. EXEMPLES : ཧོ་མ *ho ma* « le lait »; འ་རེ *â re* « oh! oui, certes ».

A la fin des mots, quand deux voyelles se suivent, on emploie ཨེ, ཨི, ཨུ, ཨོ. EXEMPLE : རྟེཧུ *rtéhou* « jeune cheval, poulain ».

4. Le point placé après une ou plusieurs lettres, comme dans ཁ་བ *kha va* « la neige », sert à séparer les syllabes et, par cela même, à distinguer la prononciation et la signification d'un même groupe de lettres; car, en supprimant le point qui suit ཁ dans l'exemple précédent, on aurait ཁབ *khab* « palais, résidence d'un prince ».

Le signe ། indique le repos des phrases; il remplace notre virgule, les deux points, etc. Double ༎, il se met à la place du point, et sert, dans la poésie, à séparer les vers. On le met deux fois à la fin d'un chapitre ༎ ༎.

Dans les dictionnaires, le signe ༈ indique que le mot

qu'il sépare des particules (n° 9) s'emploie avec ou sans elles, spécialement en composition.

Les figures ༄༅། །, ༄༅།། །།, qu'on trouve au commencement des livres, et qui se mettent ordinairement au recto de chaque folio des ouvrages imprimés au Tibet, n'ont pas de valeur.

PRONONCIATION.

5. ཀ répond à *k* : ཀ་བ *ka va* « pilier »; ཀུན *koun* « tout ».

ཁ, le même aspiré : ཁ་བོ *kha vo* « la bouche ».

ག répond à *g*, mais toujours dur : གེལ་བ *gel ba* (prononcez *guel*) « branche d'arbre »; གུར *gour* « tente »; ལག་པ *lag pa* « la main ». Il a assez généralement le son de *k*.

ང peut être représenté par *ng* : ང་རང *nga rang* « moi-même »; རུང་ངམ *roung ngam* « est-il convenable? ».

ཅ répond à *tch* : ཅི་ལྟར *tchi ltar* « comment? ».

ཆ, le précédent aspiré : ཆུ *tch'ou* « eau ».

ཇ répond à *dj* : ཇོ་བོ *djo vo* « le maître ».

ཉ peut être représenté par *gn* prononcé comme dans le mot français *ignare* : ཉ *gna* « poisson »; ཉི *gni* « soleil, jour ». Nous le représenterons par *ñ*.

ཏ répond à *t* : ཏིབ་རིལ *tib ril* « théière ».

ཐ[1], le précédent aspiré : ཐག *thag* « corde »; ཐོག་མ *thog ma* « commencement ».

---

[1] Je ferai remarquer ici que plusieurs mots s'écrivent indifférem-

ད་ répond à *d* : དད་པ *dad pa* « foi, croyance »; དེ་རིང *de ring* « aujourd'hui ». Cette lettre a communément un son très-rapproché de *t*.

ན་ a le son de *n* : ན *na* « maladie »; ནོར *nor* « richesse ».

པ་ répond à *p* : པར་མ *par ma* « livre imprimé ».

ཕ est le précédent aspiré, en faisant sentir le son de *p* et de *h*, au lieu de les prononcer comme un *f* : ཕ *p'ha* « père »..

བ a les trois sons de *p, b* et *v*. Quelques-uns le prononcent comme *p* dans བོད *bod* ou *pod* « le Tibet », བོད་པ *bod* ou *pod pa* « un Tibétain ». Après ར, ས, ལ et འ, ou une autre voyelle, de même que lorsqu'il est précédé de ད préfixe (voy. n° 7), on le prononce généralement comme *v*. EXEMPLES : དབང *dvang* « pouvoir »; རེ་བ *re va* « espérance ». Dans le mot དབུ *dbou* « tête », on ne prononce que la voyelle *ou*. Surmonté de ར, ལ, ས (voy. n° 6), བ se prononce *b*, les lettres superposées restant alors muettes.

---

ment avec ས ou སྷ, le ས représentant l'aspiration, ce qui indiquerait que l'aspiration doit précéder le son de la consonne, comme il arrive dans la transcription de ལྷ་ས *lha sa*, que les voyageurs écrivent toujours *H'lassa*. — Comparez les mots synonymes སྒབས et བབས, བུར et སྦུར, ཤེག et སྷེགས, etc. et, comme analogie : སུས et ཤུས, སྦུ་བ et འཚོ་བ, སྨུབ་པ et འསྨུབ་པ, etc.

མ a le son de *m* : མ *ma* « mère »; མི *mi* « homme »; མེ *me* « feu »; ལམ *lam* « chemin ».

ཙ se prononce *ts* : ཙམ *tsam* « combien? ».

ཚ, le précédent aspiré : ཚེ *t'se* « temps, vie ».

ཛ a le son de *ds* : ཛ་ཏི *dsa ti* « muscade ».

ཝ se présente rarement et a le son de *w* ou de *v*.

ཞ répond à *j* : ཞལ *jal* « face ».

ཟ se prononce comme *z* : ཟན *zan* « nourriture ».

འ est l'aspiration douce de *h*, aspiration qui se résout quelquefois en une sorte de *n*. EXEMPLES : བཀའ་འགྱུར *bkah hgyour* (prononcez *kan djour*[1]) « les préceptes traduits »; དགེ་འདུན *dge hdoun* (prononcez *guen doun*[2]) « le clergé ».

ཡ répond à *y* : ཡབ *yab* « père »; ཡུམ *youm* « mère ». Cette lettre change de forme quand elle est souscrite et s'écrit ྱ. EXEMPLE : བྱ *bya* (prononcez *tcha*) (n° 6 *b*) « oiseau ».

---

[1] Le *Kandjour*, qui forme la première partie des livres sacrés du Tibet, se compose de cent volumes in-folio oblong; il se trouve à la Bibliothèque impériale de Paris. La seconde partie, appelée བསྟན་འགྱུར *bstan hgyour* (prononcez *Tandjour*), en deux cent vingt-cinq volumes pareils aux précédents, ne se trouve pas à Paris. La Bibliothèque impériale de Saint-Pétersbourg possède les deux collections.

[2] Cette prononciation se trouve écrite dans དམན, synonyme de དམའ, et dans གདང་མ, synonyme de གདའ་མ. — Il en est de même de ཁ་འདའ, équivalent du sanscrit *khaṇḍa*.

ར་' répond à *r* : ར་མ་ *ra ma* « chèvre ». Quand on l'écrit au-dessus d'une autre lettre, ར ne conserve que sa partie supérieure, et alors ne se prononce que dans certains cas[1]. Exemple : རྐང་ *rkang* « pied ». Souscrit, il prend la forme ྲ : བྲན་ *bran* « esclave ».

ལ répond à *l* : ལོ་ *lo* « année ». Surmontant une lettre, il reste muet : ལྔ *lnga* (prononcez *nga*) « cinq ».

ཤ a le son de *ch* : ཤིང་ *ching* « arbre » ou « bois ».

ས répond à *s* dur : སོ་སོ་ *so so* « divers, différent ». Surmontant une lettre, ou à la fin d'une syllabe, il est ordinairement muet (voyez aussi la note à la fin du n° 6).

On rencontre assez souvent ས ajouté à la fin de mots terminés par ག, ར, བ et མ, où l'orthographe régulière l'omet. Tels sont : འོད་སྲུངས་, pour འོད་སྲུང *od sroung*; རྩིབས་, pour རྩིབ *rtsib*; སྦོམས་, pour སྦོམ *sbom*; ཉམས་ང་བ *ñams nga va*, pour ཉམ་ང་བ, etc. formes qui paraissent anciennes.

ཧ est le *h* aspiré fortement comme dans *hache*. Exemple : ཧོར་ *hor* « Turc ».

ཨ répond à *â* : ཨ་ཆེ་ *â tché* « sœur aînée ».

6 *a*. Outre les lettres simples, il y a un grand nombre de lettres composées formées, soit en mettant au-dessus ར, ལ, ས, comme : རྐ *rka*, ལྐ *lka*, སྐ *ska*, soit en mettant une lettre en dessus et l'autre en dessous, comme : རྐྱ *rkya*,

---

[1] Voy. n° 6 *f*, et App. n° 1, à la fin de ce volume.

སྐྱ *skya*, སྐྲ *skra*, soit enfin en ajoutant le signe d'une voyelle à trois lettres superposées, comme : སྐྱེ *skye*, སྒྱུར *sgyour*.

Dans les groupes qui précèdent, ཡ et ར s'écrivent en dessous avec la forme de ◌ྱ et de ◌ྲ, et le dernier, placé au-dessus d'une lettre, perd son jambage inférieur.

b. ཀྱ *kya* se prononce *tya* : ཀྱལ་པ *kyal pa* (prononcez *tyal pa*) « causerie ».

ཁྱ *khya*, le précédent aspiré : ཁྱི *khyi* « chien ».

གྱ *gya* se prononce *dya* ou *dja* : རྒྱལ་པོ *rgyal po* (prononcez *dyal* ou *djal po*) « le roi »; གྱུར *gyour* (prononcez *dyour* ou *djour*[1]) « devenu ».

པྱ *pya*, qui ne se trouve jamais seul, mais toujours précédé du préfixe ད (voy. n° 7), ou surmonté de ས, se prononce, dans les deux cas, *cha* ou *tcha*. EXEMPLES : དཔྱ *dpya* (prononcez *cha* ou *tcha*) « taxe, tribut »; སྤྱན *spyan* (prononcez *chan* ou *tchan*[2]) « œil ».

---

[1] Comparez la prononciation italienne de *giorno*, *giallo*, etc.

[2] Le mot སྤྱི་གཙེར *spyi gtcher* « qui a le haut de la tête dénudé, chauve » a subi, dans l'orthographe moderne, l'influence de la prononciation, et l'on écrit ཆི་ཆེར *tchi tcher*, sans égard pour l'étymologie. — Il en est de même pour ཕྱམ *phyam* « soliveau », qu'on écrit aussi ལྕམ *ltcham*, et pour གྲོགས *grogs* « compagnon », qui s'écrit souvent རོགས.

ཕྱ *phya* se prononce généralement *tch'* : ཕྱག་པ *phyag pa* (prononcez *tch'ag pa*) «la main»; ཕྱུག་པོ *phyoug po* (prononcez *tch'oug po*) «riche».

Dans le Ladak, ce groupe se prononce comme ཕ simple : ཕྱེ *phyé* (se prononce *phé*) «fleur de farine».

བྱ *bya* se prononce *tcha* ou *dja* : བྱེད་པ *byed pa* (prononcez *tched* ou *djed pa*[1]) «faisant».

མྱ *mya* se prononce *nya* : མྱ་ངན *mya ngan* (prononcez *nya ngan*) «chagrin, misère, douleur».

c. On prononce ordinairement d'une manière très-sourde les syllabes ཀྲ *kra*, ཏྲ *tra*, པྲ *pra*, comme *ta*; ཁྲ *khra*, ཐྲ *thra*, ཕྲ *phra*, comme *tha*; གྲ *gra*, དྲ *dra*, བྲ *bra*, comme *da* ou *ta*; ou les neuf groupes indistinctement, comme *ta*. Nous avons un double exemple de cette manière de prononcer dans le nom de ville བཀྲ་ཤིས་ཆོས་གྲོང *bkra chis tch'os grong* (vulgairement : *Tassissoudon*). Quelques-uns prononcent ཅྲ *chra*, སྲ *sra*, ཧྲ *h'ra*, comme *cha* cérébral; mais, toutes ces manières de prononcer les lettres qui ont un *r* souscrit

---

[1] Un changement de prononciation du même genre a lieu dans le mot hindoustani *satch* et le mot pâli *satcha*, venus tous-les-deux du sanscrit *satya* «vérité». — Comparez aussi le nom de la *Djoumna*, du sanscrit *Yamouna*; *Jésus*, de *Yesous*; et les mots français et anglais où le *t* est suivi d'un *i*, comme : *attention*, etc.

étant très-incertaines, il vaut mieux prononcer comme on écrit (Csoma, *Gramm.* p. 6).

d. ལ, surmonté d'une autre lettre, comme dans ཀླ *kla,* གླ *gla,* བླ *bla,* ཟླ *zla,* རླ *rla,* སླ *sla,* se prononce seul, les autres lettres restant muettes, d'après l'usage général. Exceptez ཟླ « lune » ou « mois », qu'on prononce *da,* mais qui, en composition avec སྤུན, reprend le son de *la* dans སྤུན་ཟླ *spoun zla* « enfants des mêmes parents », qui se prononce *poun la.*

e. Le signe ༹, placé sous certaines lettres, n'a aucun son, et ne sert qu'à distinguer la signification de deux mots semblables, comme : ཚ *ts'a* « chaud » et ཚྭ « sel »; རྩ *rts'a* « racine, veine » et རྩྭ « herbe, gazon ». Dans les mots ཡི་དགས *yi dags* « esprit, âme en peine » et ལ་དགས *la dags* « le pays de Ladak », il indique que ད est radical et non préfixe (voy. n° 7), et qu'on doit le prononcer. Ce signe n'est pas toujours écrit, et alors c'est le sens qui détermine la signification.

f. ར, surmontant une autre lettre, est généralement muet, excepté quand il est ramené sur la syllabe précédente terminée par une voyelle, comme : རྡོ་རྗེ *rdo rdje* (prononcez *do rdje*) « diamant » ou « foudre »; མི་རྣམས *mi rnams* (prononcez *mir nams*) « les hommes »; ལྷ་རྣམས *lha rnams* « les dieux ».

g. ལ, surmontant une autre lettre, est aussi généralement

muet, excepté dans ཧླ་ *lha*¹ « dieu, ange, maître », et quand la syllabe précédente se termine par une voyelle avec laquelle il se lie fréquemment, comme : ཅི་ལྟར་ *tchi ltar* « comment ? »; དགའ་ལྡན་ *dgah ldan* (prononcez *galdan*) « joyeux ».

h. Les syllabes པའི་ *pahi*, བའི་ *vahi*, ངའི་ *ngahi*, མའི་ *mahi*, se prononcent *pé, vé,* etc. et non *paï, vaï,* etc.

i. Les mots པས་ *pas*, བས་ *vas*, ལས་ *las*, et, en général, tous les *a* inhérents à chaque consonne, se prononcent *e*, quand ils sont suivis de ས་². EXEMPLES : ལྷས་བྱིན་ *lhas byin* (pro-

---

¹ Les voyageurs transcrivent le nom de la ville de ལྷ་ས་ « Lhasa » en mettant *h* en avant : *hLassa*, d'où il faut inférer que la gutturale est prononcée la première. Cette manière de prononcer un groupe de lettres où entre ཧ་ semble d'ailleurs confirmée par l'orthographe double de certains mots, tels que : སྐྱག་པ་ et སྐྱད་པ་, qu'on écrit aussi bien སྐྱད་པ་ et སྐྱག་པ་. — Comp. p. 3, note. (Voyez le dictionnaire.)

² Cette prononciation peut venir de la contraction de la forme de l'instrumental པའིས་ *pahis* en པས་ *pas*, etc. comme en français on prononce *mais* (*mê*), contraction du latin *magis*.

Suivant Csoma (*Gramm.* p. 11), le son de ལས་ est *las, la* ou *lé*, suivant les provinces.

Il est possible que la sifflante, dont le son, à la fin d'un mot, se rapproche de celui de *i*, ait amené la prononciation de *e* pour *as*. Le nom de la province du Tibet appelée དབུས་ *dbous*, qu'on prononce

noncez *lé tchin*) « donné par un dieu, Dieudonné » (nom propre); ཡས་མས་ *yas mas* (prononcez *yé mé*) « haut et bas »; འབྲས་བུ་ *hbras bou* (prononcez *bré bou*) « fruit »; སངས་རྒྱས་ *sangs rgyas* (prononcez *sang jé*) « Bouddha ».

PRÉFIXES (སྔོན་འཇུག་ ou འཕུལ་ཡིག་).

7. Les cinq lettres ག, ད, བ, མ, འ, prennent le nom de préfixes quand on les met devant la lettre radicale d'un mot pour en modifier la signification et pour former le présent, le passé et le futur des verbes. EXEMPLES : དུང་ *doung* « trompette »; གདུང་ *gdoung* « affliction ». — བུལ་ *boul* « lent »; དབུལ་ *dboul* « pauvre ». — དག་ *dag*, signe du pluriel; བདག་ *bdag* « je, moi ». — ཆུ་ *tch'ou* « eau »; མཆུ་ *mtch'ou* « lèvres, bec ». — ཆེ་བ་ *tch'e va* « grandeur »; འཆེ་བ་ *htch'e va* « promesse ». — འགོད་ *hgod* « (je) bâtis »; བཀོད་ *bkod* « (j'ai) bâti »; དགོད་ *dgod* « (je) bâtirai »; ཁོད་ *khod* « bâtis ».

Cette manière de former les temps des verbes est loin

---

oui, est un exemple de ce changement du son de l's en *i*. — Comparez སྲིད་མོས་ཚལ་, qui s'écrit aussi སྲིད་མོའི་ཚལ་.

On trouve, dans les autres langues, beaucoup d'exemples du passage de la sifflante en *i*. C'est ainsi que le sanscrit *asmi* « je suis » est devenu en grec *eimi*; que les mots latins *das, stas, nos, vos*, sont devenus en italien *dai, stai, noi, voi*; que le nom hébreu *Mosché* a été transcrit *Moïse*, etc.

d'être régulière, et il y a des verbes qui conservent le même préfixe à tous les temps (voy. App. n° II).

Les préfixes sont ordinairement muets, à moins qu'on ne les ramène sur une syllabe précédente terminée par une voyelle, comme : སོ་གཅིག *so gtchig* «trente et un», qu'on prononce comme s'il était écrit *sog tchig*; བློ་བཟང་ *blo bzang* (prononcez *lob zang*) «ingénieux»; ཡ་མཚན་ *ya mts'an* (prononcez *yam ts'an*) «merveille.»[1]

ད et འ ne sont jamais ramenés sur la syllabe qui les précède.

AFFIXES (རྗེས་འཇུག).

8. Les affixes sont au nombre de quatorze; dix simples : ག *g*, ང *ng*, ད *d*, ན *n*, བ *b*, མ *m*, འ *h*, ར *r*, ལ *l*, ས *s*; et quatre composés : གས *gs*, ངས *ngs*, བས *bs*, མས *ms*.

---

[1] Les mots tels que *sogtchig*, *yamts'an*, etc. dont toutes les lettres sonnent, sembleraient prouver que, dans l'origine, toutes les lettres étaient prononcées, comme elles l'étaient, et le sont probablement encore, par les habitants de Kombo (voy. *Alphabetum tangutanum*, in-8°, p. 85; *Recherches sur les langues tartares*, p. 370).

Ce qui semble venir à l'appui de cette opinion, c'est qu'il n'est guère possible de se rendre compte de l'emploi des préfixes dans un grand nombre de mots, tels que : ག་དན་ «mortier», དཔྱ་ «tribut»,

D'après les grammairiens, on devrait toujours prononcer les affixes comme ils sont écrits, parce qu'ils sont pour rendre les mots plus sonores et plus significatifs ; mais, dans le langage usuel, la plupart s'articulent à peine, et les autres sont laissés complétement muets.

ས, dans les quatre affixes composés, est généralement muet. EXEMPLE : བྱང་ཆུབ་སེམས་དཔའ་ *byang tch'oub sems dpah* (prononcez *tchang tch'oub sem pa*).

ས fait quelquefois changer le son de la voyelle qui le précède. C'est ainsi que ལས *las* « ouvrage », ལུས *lous* « corps », ཆོས *tch'os* « religion », sont prononcés de trois manières différentes, suivant les provinces. Le premier sonne *las, la* ou *lé ;* le second *lous, lou* ou *lu ;* le troisième *tch'os, tch'o* ou *tcheu*.

On néglige souvent aussi de faire entendre ས final,

བཏད་པ་ « récent », dans lesquels les préfixes ne peuvent avoir été mis pour prévenir la confusion, puisque les formes simples *toun, pya, rtad,* n'existent pas.

D'après les instructions des grammairiens tibétains, les préfixes et les lettres superposées doivent se prononcer d'après certaines règles (voy. App. n° 1, à la fin de ce volume). Suivant M. Alex. Cunningham (*Ladak*, vol. gr. in-8°, London, 1854, p. 389), toutes ces lettres sont en effet prononcées rapidement par les plus savants Lamas, mais par eux seulement.

comme dans ཤེས, que l'on prononce *ches* ou *ché* et, suivant Schmidt, *chéi* ou *chî* (*Grammaire tibétaine*, p. 4 et 29).

Outre les quatorze affixes énumérés plus haut, l'ancienne orthographe avait de plus trois affixes doubles : ནད *nd* ou *nt*, རད *rd* ou *rt*, ལད *ld* ou *lt*, qu'on trouve encore quelquefois dans les prétérits, comme : གསནད་པ *gsand pa* « entendit »; གྱུརད་པ *gyourd pa* « devint »; གསོལད་པ *gsold pa* « demanda ». Quoique cette manière d'écrire soit plus correcte, on omet maintenant le ད; mais c'est probablement sous l'influence de cette orthographe ancienne qu'on écrit གྱུར་ཏོ *gyour to* « devint », གྱུར་ཏམ *gyour tam* « devint-il? », ཟིན་ཏོ *zin to* « est achevé », etc. (voy. n° 11).

PARTICULES.

9. Les particules suivantes, qu'on met simples ou doubles après un nom, un adjectif ou un participe, sont des espèces de terminaisons désignant une personne ou une chose au masculin ou au féminin. On les supprime souvent en composition et dans les expressions brèves et indéfinies:

1° པ......ལག་པ « main » ou « la main »;

2° བ......ཀ་བ *ka va* « pilier »;

3° མ......ཐ་མ *tha ma* « fin »; བླ་མ *bla ma* « un Lama »;

4° པོ......ལམ་པོ *lam po* « le chemin »;

5° བོ......མི་བོ *mi vo* « l'homme »;

6° མོ........མི་མོ *mi mo* « la femme »;

7° པ་པ........དགོན་པ་པ *dgon pa pa* « résident dans un monastère »;

8° པ་མ........དགོན་པ་མ *dgon pa ma* « résidente dans un monastère »;

9° པ་པོ........བྱེད་པ་པོ *byed (tched) pa po* « faiseur »;

10° པ་མོ........བྱེད་པ་མོ *byed pa mo* « faiseuse »;

11° བ་པ ⎫
12° བ་པོ ⎬ ...འགྲོ་བ་པ ou པོ *hgro va pa* ou *po* « promeneur »;
13° བ་མ ⎫
14° བ་མོ ⎬ ...འགྲོ་བ་མ ou མོ *hgro va ma* ou *mo* « promeneuse »;

15° ཀ........དཔྱིད་ཀ *tpyid* (prononcez *tchid*) *ka* « le printemps »;

16° ཁ........དབྱར་ཁ *dbyar (tchar) kha* « l'été »;

17° ག........རི་ག *ri ga* « la montagne »;

18° ང........སྒོ་ང *sgo nga* « œuf »;

19° གེ........སེང་གེ *seng ge* « lion »;

20° གེ........ཏིང་གེ *ting ge* « la profondeur »;

21° ནི........འདི་ནི *hdi ni* « celui-ci même »[1].

---

[1] Toutes ces particules, nᵒˢ 1-21, ont été données à tort par Csoma, et après lui par Schmidt, comme des articles. Comment expliquer, en effet, la présence de l'article masculin ou féminin après le même mot, comme : ཇོ་བོ *djo vo* « maître »; ཇོ་མོ *djo mo* « maî-

Dans les particules doubles, nos 7-14, le second བ ou མ, པ ou མོ, est mis pour désigner un homme ou une femme, le premier བ ou པ étant une sorte de terminaison pour former l'adjectif verbal et le participe (n° 64), terminaison qui est généralement supprimée en composition.

L'adjectif གཏན་དུ་བ *gtan dou va* « continuel », imité du sanscrit *sadâtana*, et dans lequel བ correspond au suffixe *tana*, ne peut laisser de doute sur la valeur de ces particules.

10. La particule འམ *ham*, signifiant « ou, si, est-ce que? », ne s'emploie sous cette forme qu'après une voyelle. EXEMPLE : ང་འགྲོ་འམ *nga hgro ham* « vais-je? si je vais ». Après une consonne, elle prend en redoublement cette même consonne : འདུག་གམ *hdoug gam*, et non འདུག་འམ *hdoug ham* « y a-t-il? »; གསེར་རམ་དངུལ་འམ་ཟངས *gser ram dngoul lam zangs* « or ou argent ou cuivre ».

---

tresse »? Il est clair que les terminaisons *vo* et *mo* équivalent ici à celles du latin *us* et *a* dans *dominus* et *domina*. Si toutes ces particules étaient des articles, elles devraient nécessairement s'accorder avec le nom; cependant, on trouve : བཙུན་པའི་བུད་མེད *btsoun pahi boud med* (et non *btsoun mahi*) « femme noble »; སྟོན་མོ་ཆེན་པོ *ston mo tch'en po* (et non *tch'en mo*) « grand repas »; སེམས་ཅན་དང་ལྡན་པར་གྱུར་ཏོ *sems tchan dang ldan par gyour to* (et non *ldan mar*) « elle devint enceinte ».

Sous la forme ཏམ *tam,* quoique non précédée de ད, mais de ན, ར ou ལ, cette particule s'emploie avec le parfait des verbes : གསན་ཏམ *gsan tam* « a-t-il entendu? »; ཁྱེར་ཏམ *khyer tam* « a-t-il emporté? »; གསོལ་ཏམ *gsol tam* « a-t-il demandé? »[1].

11. La particule ཧོ *ho* s'emploie de la même manière que la précédente, simple après une voyelle, ou en redoublant la consonne finale du mot qui la précède. Elle a la signification des verbes *être, faire, avoir.* On l'emploie fréquemment avec le prétérit, le passé et le futur : ཡིན་ནོ *yin no* « est »; སོང་གོ *song go* « est allé »; འགྱུར་རོ *hgyur ro* « deviendra »; མི་ཧོ *mi ho* « c'est un homme »; ལེགས་སོ *legs so* « c'est bien! ».

Sous la forme ཏོ *to,* quoique non précédée de ད, cette particule s'emploie après ན, ར, ལ (comme ཏམ) : གསན་ཏོ *gsan*

---

[1] La particule འམ sert quelquefois à exprimer une espèce de potentiel : ཆོས་མཉན་ཏམ། ཀློག་གམ། སྟན་ཏམ *tch'os mñan tam, klog gam, stan tam* « écouterait la loi, la réciterait, l'enseignerait », en sanscrit : *çrinouyât, vâtchayêt, déçayêt* (*Lotus,* chap. XVII). Il en est de même de ཏུ. EXEMPLES : བདག་གིས་འདི་དག་ཁྱིམ་འདི་ནས་གདོན་ཏོ *bdag gis hdi dag khyim hdi nas gdon to* « Ne pourrais-je pas les faire sortir de cette maison? », en sanscrit : *ya nvaham asmâd grihâd nichkraméyam* (*Lotus,* chap. III). — འདི་དག་ལ་སྦྲན་ཏོ *hdi dag la sbran to* « Il faut que je les avertisse », en sanscrit : *ahamétân santchôdayêyam* (*Lotus,* ch. III).

to « entendit »; གྱུར་ཏོ་ *gyour to* « devint »; གསོལ་ཏོ་ *gsol to* « demanda ».

Cette règle n'est pas toujours observée; car on trouve quelquefois au prétérit la lettre qui précède ཏ doublée, au lieu d'employer ཏུ. EXEMPLES : དེ་ལ་བྱིན་ནོ་ « il lui donna »; རྒྱལ་པོ་ལ་ཕུལ་ལོ་ « il offrit au roi » (*Dsang-loun*, p. 24).

On trouve aussi la particule ཏུ avec le présent et le futur[1]. EXEMPLES : སེམས་ཅན་རྣམས་ལ་ཆོས་སྟོན་ཏུ་ « J'enseigne la loi aux créatures » (*Lotus*, x, stance 26), en sanscrit : *déçêmi dharmam satvânâm*. — དེས་བདག་ཅག་དམན་པ་ལ་མོས་པར་མཁྱེན་ཏུ་ « Il sait que nous avons de l'inclination pour les choses misérables » (*Lotus*, IV). — རའི་དོ་ཉེ་བར་བསྟན་ཏུ་ « Je montrerai ma figure » (*Lotus*, x), en sanscrit : *sammoukham oupadarçayichyâmi*. — སླན་ཅད་དེ་བདག་གིས་མི་འགྱུར་ཏུ་ « Désormais je n'y parviendrai pas » (*Dsang-loun*, III, p. 24). — ཆོས་ཡི་གེར་བྲིས་ན་ཁྱོད་ལ་ཆོས་སྟོན་ཏུ་ « Si tu écris la loi, je te l'enseignerai » (*Dsang-loun*, III, p. 13).

12. Les particules ཅིང་ *tching*, ཞིང་ *jing*, ཤིང་ *ching*, qui ont

---

[1] Csoma dit, p. 81 de sa Grammaire, en note, que le futur des verbes neutres est souvent formé avec le prétérit; mais l'exemple qu'il donne (གྱུས་པར་འགྱུར་) est une forme composée avec l'auxiliaire ordinaire, et il ne parle pas de la particule ཏུ. Dans les exemples ci-dessus, toutes les racines sont au présent, excepté བསྟན་, qui peut se prendre aussi pour le prétérit.

la même signification, s'emploient, la première, après ག, ད, བ; la seconde, après ང, ན, མ, འ, ར, ལ; la troisième, après ས. Elles forment avec les verbes une espèce de participe. EXEMPLES : སྨྲ་ཞིང smra jing « disant »; སྨྲས་ཤིང smras ching « ayant dit »; ཁྱིར་གྱུར་ཅིང khyir gyour tching « devenu chien, changé en chien ».

Placées entre deux participes ou deux adjectifs, ces particules ont le sens de la conjonction *et* : འབད་ཅིང་བཙལ་བས hbad tching bts'al vas « après s'être appliqué et efforcé »; ར་རོ་ཞིང་མྱོས་པ ra ro jing myos pa « ivre et furieux », en sanscrit : *madyamatta*; མཛེས་ཤིང་སྡུག་པ mdses ching sdoug pa « beau et aimable ».

Ces particules s'emploient quelquefois au vocatif : དགེ་ཚུལ་དག་ཅིང dge ts'oul dag tching « novices! » (*Doulva*, t. I, fol. 169 *a*.)

Quand plusieurs qualificatifs se suivent, ces particules alternent avec ལ. EXEMPLES : འཛངས་ཤིང་གསལ་ལ་ཡིད་རྟོ་ཞིང་མཁས་ཏེ « sage, éclairé, intelligent et habile »; འཇིགས་ཤིང་སྐྲག་ལ་མི་དགའ་ནས « effrayé, agité et troublé ».

13. Les particules ཏེ, དེ, སྟེ, *te, de, ste*, jointes à la racine d'un verbe, forment une espèce de locution adverbiale de temps et de lieu. La première s'emploie après ན, ར, ལ, ས. EXEMPLES : གསན་ཏེ *gsan te* « écoutant »; འཁུར་ཏེ *hkhour te* « portant ».

La seconde s'emploie après ད : ཡོད་དེ *yod de* « étant ».

La troisième s'emploie après ག, ད, བ, མ, འ, et les voyelles. Exemples : འདུག་སྟེ་ *hdoug ste* « étant assis »; སྨྲ་སྟེ་ *smra ste* « disant ».

Ces particules se trouvent quelquefois employées avec l'impératif et le futur : ཕྱག་དར་དར་ཆག་ཆག་བྱོས་ཏེ་ *phyag dar dang tch'ag tch'ag byos te* « nettoyez et arrosez ! » (*Dsang-loun*, chap. IV, p. 27, l. 8, édit. de Schmidt); བདག་གིས་ཀྱང་བསྩལ་བར་བགྱི་སྟེ་ *bdag gis kyang stsal bar bgyi ste* « moi aussi je donnerai » (*Lotus*, XXI, édit. de la Biblioth. imp. fol. 228 *b*).

DE L'ARTICLE.

14. L'article indéfini s'exprime par l'une des particules ཅིག་ *tchig*, ཞིག་ *jig* ou ཤིག་ *chig*, qu'on met après le nom, en ayant égard à la lettre finale de ce nom (comp. n° 12) : མི་ཞིག་ *mi jig* « un homme »; ལུག་ཅིག་ *loug tchig* « un mouton »; གོས་ཤིག་ *gos chig* « un vêtement ». — Avec le pluriel : ཡོ་བྱད་དག་ཅིག་ *yo byad (tchad) dag tchig* « des ustensiles ».

On rencontre aussi ces particules dans des locutions telles que les suivantes : ལོ་མང་ཞིག་ཏུ་ *lo mang jig tou* « dans un grand nombre d'années »; དྲང་སྲོང་ལྔ་ཞིག་ *drang srong lnga jig* « des ermites au nombre de cinq » (littéralement : « un cinq (d')ermites »); ཞག་བདུན་ཞིག་ *jag bdoun jig* « une semaine » (littéralement : « un sept (de) jours »).

Ces particules se mettent aussi au vocatif, quand on

parle avec respect ou tendresse. EXEMPLES : ལྷ་ཅིག་ *lha tchig* « Dieu! » ou « Seigneur! »; ཡབ་ཅིག་ *yab tchig* « père! »; བུ་ཞིག་ *bou jig* « fils! ».

On distingue ཅིག་ « un », article indéfini, de གཅིག་ « un », nom de nombre, en ce que ce dernier s'écrit avec le préfixe ག. EXEMPLE : བུད་མེད་གཅིག་ཅིག་ *boud med gtchig tchig* « une seule femme ».

DU NOM.

15. La plupart des mots tibétains se présentent comme monosyllabes; et souvent, une seule consonne avec l'*a* inhérent constitue un mot entier. EXEMPLES : ཀ་ *ka* « pilier »; ཁ་ *kha* « neige »; ང་ *nga* « moi, je »; ཆ་ *tch'a* « portion »; ཇ་ *dja* « thé »; ཉ་ *ña* « poisson »; ཐ་ *tha* « fin »; ད་ *da* « maintenant »; ན་ *na* « maladie »; པ་ *pha* « père »; མ་ *ma* « mère »; བ་ *ba* « vache »; ཚ་ *ts'a* « sel »; ཝ་ *va* « renard »; ཇ་ *ja* « bonnet »; ཟ་ *za* « (il) mange »; ཡས་ *yas* (prononcez *yé*) « dessus »; ར་ *ra* « chèvre »; ལ་ *la* « défilé »; ཤ་ *cha* « chair »; ས་ *sa* « terre », etc.

Une seule consonne, avec le signe de l'une des voyelles autres que *a*, forme souvent un mot entier : ཚེ་ *ts'e* « vie, époque, temps »; ཉི་ *ñi* « soleil, jour »; ཆུ་ *tch'ou* « eau, rivière »; ཇོ་ *djo* « maître », etc.

La plupart des monosyllabes ont une ou plusieurs consonnes groupées avec l'*a* inhérent, ou prennent de plus le signe de l'une des autres voyelles : རྐང་ *rkang* « pied »;

བཟང་ *bzang* « bon »; ངན་ *ngan* « mauvais »; དཀར་ *dkar* « blanc »; ནག་ *nag* « noir »; གཟུགས་ *gzougs* « corps »; སེམས་ *sems* « âme, esprit »; སྟོབས་ *stobs* « force ».

Tous ces mots se rencontrent aussi souvent accompagnés d'une particule, comme : རྐང་པ་ *rkang pa*; སྟོབས་པོ་ *stobs po*.

DU GENRE.

16. Pour les choses en général, il n'y a pas de distinction de genre. Plusieurs noms prennent indifféremment une particule masculine ou féminine. EXEMPLES : ཐིགས་པོ་ *thigs po* « la grosse goutte »; ཐིགས་པ་ ou ཐིགས་མ་ « une goutte ».

པོ་ et བོ་ s'emploient pour le masculin : རྒྱལ་པོ་ *rgyal po* « le roi »; མི་བོ་ *mi vo* « l'homme ».

མོ་ s'emploie pour le féminin : རྒྱལ་མོ་ *rgyal mo* « la reine »; མི་མོ་ *mi mo* « la femme ».

Le genre des animaux se distingue par des noms différents, ou par le mot ཕོ་ *pho* « mâle », pour le masculin, placé avant ou après le substantif. Les féminins prennent མ་ ou མོ་. EXEMPLES : གཡག་ ou ཕོ་གཡག་ *pho gyag* « le yak mâle »; མོ་གཡག་ ou འབྲི་མོ་ *hbri mo* « yak femelle »; རྟ་ ou རྟ་ཕོ་ *rta pho*, ou པོ་རྟ་ « cheval »; རྟ་མོ་ *rta mo*, ou མོ་རྟ་, ou རྒོད་མ་ *rgod ma* « jument, cavale »; ར་ཕོ་ *ra pho* « bouc »; ར་མ་ *ra ma* « chèvre ».

Le mâle non châtré des quadrupèdes s'exprime souvent par པ་ précédant le nom, comme : པ་གླང་ *pha glang* « taureau »; ཕ་གྱག pha gyag « yak entier »; ཕ་རྟ pha rta « étalon »; ཕ་ཕག pha phag « verrat ».

17. Les particules du féminin མ et མོ s'emploient aussi avec des mots qui, à proprement parler, n'ont pas de genre, comme : སྒོ་མོ sgo mo « la porte »; འགོ་མ hgo ma « le commencement, l'origine ».

18. Le masculin et le féminin des participes, des adjectifs et des noms exprimant une chose indéfinie, sont distingués, le premier, par པ, བ; et le second, par མ. EXEMPLES : ནུས་པ ñous pa « pouvant »; འགྲོ་བ hgro va « allant »; མཁས་པ mkhas pa « un sage »; མཛེས་མ mdses ma « une belle personne ».

Quelques noms pris comme substantifs ou adjectifs n'ont, pour les deux genres, que la terminaison མ, comme : ནང་མ nang ma « intérieur »; བླ་མ bla ma « un Lama, un supérieur, un maître ».

19. Par l'addition de པ (quelquefois de པོ), pour le masculin; de མ (quelquefois de མོ), pour le féminin, on forme divers noms désignant un homme ou une femme d'un pays, d'une nation, d'une religion, d'une profession, etc. EXEMPLES : བོད་པ bod pa « un Tibétain »; བོད་མོ bod mo « une Tibétaine »; རྒྱ་གར་པ rgya gar pa « un Indien »; རྒྱ་གར་མ rgya gar ma « une Indienne »; རྒྱ་ནག་པ rgya nag pa « un Chinois »; རྒྱ་ནག་མ rgya nag ma, ou རྒྱ་མོ rgya mo « une Chinoise »; སངས་རྒྱས་པ sangs rgyas pa (prononcez

sang jé pa) « un bouddhiste »; སངས་རྒྱས་མ sangs rgyas ma « une bouddhiste »; ཉ་པ ña pa « un pêcheur ».

DIMINUTIFS.

20. On peut, en général, former les diminutifs en ajoutant aux noms primitifs le mot ཆུང་ tch'oung « petit, exigu », comme : ཁང་ཆུང་ khang tch'oung « petite maison, maisonnette »; mais on les forme plus souvent en changeant les voyelles *a* ou *o* du radical en *e*, et en ajoutant la syllabe finale ཨུ ou, avec ou sans ཆུང་ Ainsi, de བྱ bya (prononcez *tcha*) « oiseau », se forme བྱེཨུ byehou (prononcez *tchehou*) « petit oiseau »; de སྒོ sgo « porte », སྒེཨུ sgehou « petite porte »; de རྡོ rdo « pierre », རྡེཨུ rdehou « petite pierre ».

Quelques diminutifs sont formés en ajoutant simplement la même particule ཨུ, comme : མིཨུ mihou « petit homme, nain », de མི mi « homme »; ou en faisant deux syllabes d'un mot qui n'en avait qu'une, comme : ལུ་གུ lou gou « agneau », de ལུག loug « mouton, brebis »; ཐ་གུ tha gou « cordelette », de ཐག thag « corde »; སྡུག་གུ sdoug gou « un peu agréable », de སྡུག sdoug « agréable ». La consonne finale est redoublée dans ce dernier mot, de même que dans ཕྲུག་གུ phroug gou « enfant » ou « petit d'un animal », qu'on écrit aussi ཕྲུ་གུ phrou gou.

Cette dernière formation des diminutifs ne s'applique

pas aux mots terminés par ཕ, ཙ, ཚ ou ས, parce qu'il pourrait y avoir confusion avec les datifs (voy. n° 23, les formes du datif). On emploie après ces lettres la particule བུ *bou*: ཕད་བུ *phad bou* « petit sac », ཐིགས་བུ *thigs bou* « petite goutte, gouttelette », au lieu de ཕད་དུ *phad dou*, ཐིགས་སུ *thigs sou*, qui signifieraient : « dans le sac; dans la goutte. » (Voyez aussi le n° 40.)

DE LA DÉCLINAISON.

21. Les noms, les adjectifs, les noms de nombre, les pronoms et les participes, se déclinent tous de la même manière, sans irrégularité, à l'aide de particules que l'on met après eux. Mais, comme ces mots s'emploient avec ou sans les particules désignant le genre, les signes du génitif, de l'instrumental et du locatif doivent, pour l'euphonie, s'accorder avec la lettre finale du mot, s'il est seul, et suivre, s'il y a une particule de genre, la déclinaison des noms terminés par une voyelle.

FORMATION DES CAS.

Singulier.

1° Le nominatif singulier n'est suivi d'aucune particule.

2° L'instrumental se forme avec ཧིས *his*, ཡིས *yis* ou ས *s*, après toutes les voyelles; avec ཀྱིས *kyis*, après ད, བ, ས;

avec གིས་ *gis*, après ག et ད; et avec གྱིས་ *gyis*, après ན, མ, ར, ལ. Toutes ces particules signifient « par, avec ».

3° Le génitif est formé avec འི་ *hi*, ཡི་ *yi*, ཀྱི་ *kyi*, གི་ *gi* et གྱི་ *gyi*, signifiant « de, relatif à ». Ces particules s'emploient après les mêmes lettres que celles de l'instrumental.

4° Le datif se forme avec ལ་ *la* joint à tout nominatif indifféremment; il signifie « à, vers, sur, dans, eu égard à, pour », etc. On le forme aussi avec ཏུ་ *tou*, après ག et བ, quelquefois aussi après ན, ར et ལ; avec དུ་ *dou*, après ར, ད, ན, མ, ར, ལ; avec རུ་ *rou* ou ར་ *r*, après ཨ et toutes les voyelles; et enfin, avec སུ་ *sou*, après les noms terminés par ས.

Les quatre dernières particules signifient, de plus que ལ, « mouvement vers, dans; changement en », etc.

Ce cas est assez souvent confondu avec le locatif, c'est-à-dire que les particules du datif indiquent fréquemment « repos à, sur, dans un lieu ».

5° L'accusatif est semblable au nominatif; il prend quelquefois ལ comme le datif (comparez le français *atteindre à la hauteur; toucher à une chose*).

6° Le vocatif est aussi semblable au nominatif, à moins qu'on ne le fasse précéder de la particule ཀྱེ་ *kye*, signifiant « ô », ou de quelque autre du même genre. On rencontre quelquefois le vocatif suivi de l'article indéfini ཅིག, comme : ལྷ་ཅིག *lha tchig* « Dieu! »; ཡབ་ཅིག *yab tchig* « père! » (n° 14).

7° Le locatif est formé avec ན་ *na*, signifiant « dans, sur un lieu ». Il prend aussi, comme on l'a vu, les particules du datif.

8° L'ablatif se forme avec ནས་ *nas* ou ལས་ *las* ajoutés au nominatif et signifiant « de, hors de ».

Pluriel.

22. Les signes du pluriel sont : རྣམས་ *rnams*, དག་ *dag*, ཅག་ *tchag*. Le dernier est particulier aux pronoms personnels, qui emploient aussi དག་, ou même deux signes réunis : ཅག་རྣམས་ ou དག་རྣམས་. Les signes de cas sont les mêmes qu'au singulier et suivent immédiatement ceux du pluriel, en ayant égard, pour l'euphonie, à leur lettre finale.

On rencontre aussi, pour indiquer le pluriel, le signe ཚོག་ *tchog*, qui se distingue des précédents en ce qu'il peut être séparé du substantif, du participe ou de l'adjectif, par une particule exprimant le verbe *être* (voy. n° 11). Exemples : མིའོ་ཚོག་ *mi ho tchog* « les hommes »; འོངས་སོ་ཚོག་ *hongs so tchog* « ceux qui sont venus »; གཅེས་སོ་ཚོག་ *gtches so tchog* « ceux qui sont aimés, chéris ».

On trouve aussi quelquefois, pour indiquer le pluriel, les noms de nombre དགུ་ *dgou* « neuf », བརྒྱ་ *brgya* « cent »; et des mots exprimant la totalité, la collection, comme : ཀུན་ *koun* « tout »; ཚོགས་ *ts'ogs* « multitude »; མཐའ་དག་ *mthah dag* « les deux limites », etc.

23. FORME GÉNÉRALE DE LA DÉCLINAISON.

Singulier.

1° Nominatif.

2° Instrumental : གྱིས་, གིས་, ཀྱིས་, འིས་ ou ས་, ཡིས་ « par, avec ».

3° Génitif : གྱི་, གི་, ཀྱི་, འི་ ou ཡི་ « de, du ».

4° Datif : ལ་, དུ་, ཏུ་, རུ་ ou ར་, སུ་ « à, pour, dans, sur ».

5° Accusatif. — Prend quelquefois ལ་.

6° Vocatif. — Est quelquefois précédé de ཀྱེ་ « ô ».

7° Locatif : ན་, ལ་ « en, sur, à, dans ».

8° Ablatif : ནས་, ལས་ « de, hors de (*ex, ab*) ».

Pluriel.

1° Nominatif : རྣམས་, དག་, ཚོག་.

2° Instrumental : རྣམས་གྱིས་, དག་གིས་, ཚོག་གིས་.

3° Génitif : རྣམས་གྱི་, དག་གི་, ཚོག་གི་.

4° Datif : རྣམས་ལ་, དག་ལ་, ཚོག་ལ་.

5° Accusatif. — Comme le nominatif.

6° Vocatif. — Comme le nominatif, ou précédé de ཀྱེ་.

7° Locatif : རྣམས་ན་ (ou ལ་), དག་ན་ (ou ལ་), ཚོག་ན་ (ou ལ་).

8° Ablatif : རྣམས་ནས་ (ou ལས་), དག་ནས་ (ou ལས་), ཚོག་ནས་ (ou ལས་).

24. EXEMPLES DE DÉCLINAISON.

Singulier.

Nomin.. སངས་རྒྱས་ *sangs rgyas* (prononcez *sang jé*) « le Bouddha ».

Instrum. སངས་རྒྱས་ཀྱིས་ « par le Bouddha ».

Génitif.. སངས་རྒྱས་ཀྱི་ « du Bouddha ».

Datif... སངས་རྒྱས་ལ་ « au Bouddha ».

Accus... སངས་རྒྱས་ « le Bouddha ».

Vocatif.. ཀྱེ་སངས་རྒྱས་ « ô Bouddha ! »

Locatif.. སངས་རྒྱས་ན་ « en Bouddha ».

Ablatif.. སངས་རྒྱས་ནས་ « de, hors du Bouddha ».

Pluriel.

Nomin.. སངས་རྒྱས་རྣམས་ « les Bouddhas ».

Instrum. སངས་རྒྱས་རྣམས་ཀྱིས་ « par les Bouddhas ».

Génitif.. སངས་རྒྱས་རྣམས་ཀྱི་ « des Bouddhas ».

Datif... སངས་རྒྱས་རྣམས་ལ་ « aux Bouddhas ».

Accus... སངས་རྒྱས་རྣམས་ « les Bouddhas ».

Vocatif.. ཀྱེ་སངས་རྒྱས་རྣམས་ « ô Bouddhas ! »

Locatif.. སངས་རྒྱས་རྣམས་ན་ « dans, sur les Bouddhas ».

Ablatif.. སངས་རྒྱས་རྣམས་ནས་ « des Bouddhas ».

Déclinez de la même manière que l'exemple précédent tous les mots terminés par ད་, བ་ ou ས་.

Remarquez que les signes du pluriel venant se placer entre le substantif et les particules de l'instrumental et du génitif, c'est la présence de l'un ou de l'autre des trois signes རྣམས་, དག་ ou ཚོ་ qui détermine l'emploi des particules ; c'est-à-dire qu'il faut ཀྱིས་ et ཀྱི་ après རྣམས་; གིས་ et གི་ après དག་ et ཚོ་ (voy. n° 21, 2° et 3°). Il suffira donc de donner, pour les exemples suivants, le nominatif pluriel seulement, puisque les autres cas se formeront toujours d'après le tableau général de la déclinaison (voyez le n° 23).

25. *Singulier.*

Nomin.. མིག་ *mig* « l'œil ».
Instrum. མིག་གིས་ « par l'œil, avec l'œil ».
Génitif:. མིག་གི་ « de l'œil ».
Datif... མིག་ལ་ « à l'œil ».
Accus... མིག་ « l'œil ».
Vocatif.. ཀྱེ་མིག་ « ô œil ! »
Locatif.. མིག་ན་ « dans l'œil ».
Ablatif.. མིག་ནས་ « de l'œil ».

Pluriel.

Nomin. et accus. མིག་རྣམས་ ou མིག་དག་ « les yeux », etc.

Déclinez comme le précédent tous les mots terminés par ག་ ou ར་.

26.   Singulier.

Nomin... རིན་ *rin* « le prix ».
Instrum. རིན་གྱིས་ « avec le prix ».
Génitif.. རིན་གྱི་ « du prix ».
Datif... རིན་ལ་ « au prix ».
Accus... རིན་ « le prix ».
Vocatif.. ཀྱེ་རིན་ « ô prix ! »
Locatif.. རིན་ན་ « dans le prix ».
Ablatif.. རིན་ནས་ « du prix ».

Pluriel.

Nominatif et accusatif : རིན་རྣམས་ « les prix », etc.

Déclinez comme le précédent tous les mots terminés par ན, མ, ར, ལ.

27.   Singulier.

Nomin... རྒྱལ་པོ་ *rgyal po* « le roi ».
Instrum. རྒྱལ་པོས་ « par le roi ».
Génitif.. རྒྱལ་པོའི་ « du roi ».
Datif... རྒྱལ་པོ་ལ་ « au roi ».
Accus... རྒྱལ་པོ་ « le roi ».
Vocatif.. ཀྱེ་རྒྱལ་པོ་ « ô roi ! »
Locatif.. རྒྱལ་པོ་ན་ « dans, sur le roi ».
Ablatif.. རྒྱལ་པོ་ནས་ « du roi ».

Pluriel.

Nominatif et accusatif : རྒྱལ་པོ་རྣམས་ «les rois», etc.

Tous les mots terminés par l'*a* inhérent à chaque consonne, comme མ *ma* «mère», ou écrits sous la forme de འ, comme དགའ *dgah* «joie», ou terminés par l'une des autres voyelles, comme མི *mi* «homme», ཆུ *tch'ou* «eau», མེ *mé* «feu», རོ *ro* «goût, saveur», se déclinent comme le précédent.

Il en est de même pour tous ceux qui sont suivis des particules de genre, puisque ces dernières se terminent toutes par des voyelles.

28. Les mots terminés au nominatif par འ suppriment cette lettre à l'instrumental formé avec ས, et au locatif formé avec ར. EXEMPLES : དཔས་ *dpas*, et non དཔའས་ *dpahs* «par le héros», de དཔའ; དགར་ *dgar*, et non དགའར་ *dgahr* «dans la joie», de དགའ.

DES ADJECTIFS.

29. Les adjectifs sont quelquefois difficiles à distinguer des substantifs, parce qu'ils prennent les mêmes particules. Ainsi, ངན་པ *ngan pa* peut signifier : «la méchanceté, méchant, un méchant».

30. Quand les adjectifs sont placés avant le substantif, ils peuvent rester invariables à tous les cas des deux

nombres, et alors ils ne prennent pas de particule. Mais, le plus ordinairement, quand ils sont devant un nom, ils prennent la forme du génitif. Exemples : བཟང་མི་ *bzang mi*, ou བཟང་བའི་མི་ *bzang vahi mi*, ou enfin བཟང་པོའི་མི་ *bzang pohi mi* « bon homme, homme bon », etc. plus littéralement : « homme de bien ».

Les pronoms, les participes et les noms de nombre peuvent prendre cette forme du génitif, quand ils précèdent le substantif. Exemples : དེའི་ཚེ་ན་ *dehi ts'e na* « en ce temps-là » (littéralement : « au temps de cela »); མ་འོངས་པའི་དུས་ན་ *ma hongs pahi dous na* « dans l'avenir »; དྲུག་གི་ལྷ་རྣམས་ *droug gi lha rnams* « six dieux » (voy. n° 49).

31. On peut former une espèce d'adjectifs avec les substantifs, les adverbes, etc. en ajoutant à ces mots le signe du génitif, comme : ལུས་ཀྱི་ *lous kyi* « corporel » (littéralement : « du corps »); དམག་གི་མི་ *dmag gi mi* « un guerrier » (littéralement : « un homme de guerre »); དེ་རིང་གི་ *de ring gi* « actuel, d'aujourd'hui ». Cette forme est semblable à celle des pronoms possessifs qui ne sont que des pronoms personnels au génitif (voy. n° 57).

Certaines expressions, d'un usage peu fréquent, se présentent avec un signe du pluriel précédé du génitif, et forment ainsi une espèce d'adjectif, comme : ཆོས་ཀྱི་རྣམས་ *tch'os kyi rnams* « les choses morales »; སྣོད་ཀྱི་རྣམས་ *snod kyi rnams* « de la vaisselle » (*fictilia*).

32. Les adjectifs, placés après un substantif, se déclinent d'après la forme générale de la déclinaison, et le substantif reste invariable. EXEMPLE :

Nomin. et accus. མི་བཟང་པོ་ *mi bzang po* « l'homme bon ».
Instrumental... མི་བཟང་པོས་ « par l'homme bon ».
Génitif........ མི་བཟང་པོའི་ « de l'homme bon », etc.

Déclinez le reste comme རྒྱལ་པོ་ (n° 27).

33. Les adjectifs s'emploient donc avec ou sans particules; mais, quand on veut en faire des substantifs abstraits, ils doivent être suivis de particules auxquelles on ajoute le mot ཉིད་ *ñid*, signifiant : « qualité, propriété de ».
EXEMPLES : སླ་བ་ཉིད་ *sla va ñid* « facilité », de སླ་ *sla* « facile »; དཀའ་བ་ཉིད་ *dkah va ñid* « difficulté », de དཀའ་ *dkah* « difficile ».

34. Quelques adjectifs n'ont, pour les deux genres, que la particule du féminin མ་, comme : སྔ་མ་ *snga ma* « précédent »; གོང་མ་ *gong ma* « supérieur »; བླ་མ་ *bla ma* « Lama » ou « supérieur »; འོག་མ་ *hog ma* « inférieur »; མདུན་མ་ *mdoun ma* « antérieur »; རྟིང་མ་ *rting ma* ou རྒྱབ་མ་ *rgyab ma* « postérieur »; ཉག་མ་ *ñag ma* « tout seul, unique »; ཕྱི་མ་ *phyi ma* (prononcez *tch'i ma*) « dernier, moderne, postérieur ». Ce dernier, avec la terminaison du masculin, ཕྱི་པ་ *phyi pa*, a le sens de « étranger, hérétique, infidèle ».

35. Divers adjectifs sont formés des substantifs, auxquels on ajoute ཅན་ *tchan*, ལྡན་ *ldan*, ou les deux à la fois; བཅས་ *btchas* ou བཅས་པ་ *btchas pa*; མངའ་ *mngah* ou མངའ་བ་ *mngah*

va; ཡོད *yod*, ou ཡོད་པ *yod pa*; ce qui signifie « doué, muni de, ayant ». EXEMPLES : ནོར་ཅན *nor tchan*, ནོར་ལྡན *nor ldan* ou ནོར་ཅན་ལྡན *nor tchan ldan* « riche »;

ནོར་བཅས ou ནོར་བཅས་པ
ནོར་མངའ ou ནོར་མངའ་པ } « riche ».
ནོར་ཡོད ou ནོར་ཡོད་པ

Quand l'adjectif formé avec ལྡན ou བཅས vient d'un substantif suivi ou non d'une particule, on fait suivre ce substantif de la conjonction དང; et, si l'on omet cette conjonction, la particule prend le signe du datif ou du locatif. EXEMPLES : འབྱོར་པ་དང་ལྡན་པ *hbyor pa dang ldän pa*, ou འབྱོར་པར་ལྡན་པ *hbyor par ldan pa* « riche, en possession de richesses »; རོ་དང་ལྡན་པ *ro dang ldan pa*, ou རོར་ལྡན་པ *ror ldan pa* « savoureux, qui a du goût ».

Certains adjectifs se forment en ajoutant au gérondif d'un verbe les mots རུང་བ *roung ba* ou ཧོས་པ *hos pa*, signifiant « convenable à, bon à, propre à, digne de ». EXEMPLES : འཐུང་དུ་རུང་བ *thoung dou roung ba* « potable »; ཟར་རུང་བ *zar roung ba* « mangeable ».

Mais le signe du gérondif est le plus souvent omis, ainsi que les particules པ et བ, comme : འཐུང་རུང *thoung roung* « potable »; ཕྱག་ཧོས *phyag hos* (prononcez *tch'ag hos*) « adorable ».

ལས་སུ་རུང་བ *las sou roung ba* « accompli, parfait » est un adjectif de la même espèce formé avec un substantif.

36. Les adjectifs négatifs se forment avec ཨ *ma*, མི *mi*, མེད *med*, མི་ལྡན *mi ldan*, མི་མངའ *mi mngah*, བྲལ *bral*, ཡས *yas*, signifiant « sans, dénué de, manquant de ». Exemples : ནོར་ མེད *nor med*, ou ནོར་མི་ལྡན *nor mi ldan* « pauvre, sans fortune »; སྐྱོན་མི་མངའ *skyon mi mngah* « sans défaut, irréprochable »; ལུས་བྲལ *lous bral* « sans corps, immatériel »; མཐའ་ ཡས *mthah yas* « illimité, sans fin ».

37. Quelques adjectifs se forment avec བྱ *bya* (prononcez *tcha*), signe du participe futur. Exemple : འཆི་བྱ *htch'i bya* « mortel, sujet à la mort » (*moriturus; moriendus*). Leurs négatifs se forment en ajoutant མེད *med* à la racine : འཆི་མེད *htch'i med* « immortel ».

(1) 38. Quand un adjectif est répété avec l'une des particules ཀྱང *kyang*, ཧང *hang*, ཡང *yang*, il exprime un degré de supériorité qu'on peut rendre par « très ». Exemples : ཆེ་ཧང་ཆེ *tch'e hang tch'e* « très-grand »; མཛེས་ཀྱང་མཛེས *mdses kyang mdses* « très-beau »; རིང་ཡང་རིང *ring yang ring* « très-long, très-éloigné ».

39. Quand la lettre finale est redoublée en y ajoutant la voyelle *e*, et suivie d'une particule, l'adjectif exprime un degré d'infériorité qu'on peut rendre par « assez, un peu ». Exemples : མཛེས་སེ་བ *mdses se va* « un peu beau, assez beau »; ཆུང་གེ་བ *tch'oung ge va* « un peu petit ».

DEGRÉS DE COMPARAISON.

40. Les degrés de comparaison s'expriment par ལས *las*,

པས་ *pas*, བས་ *vas*, signes de l'ablatif et de l'instrumental, et qui ont alors le sens de « plus, plus que ». Ils se mettent après le nom de la personne ou de la chose sur laquelle porte la comparaison : བདག་ལས་ (ou པས་) ཁྱོད་ཆེས་ *bdag las* (ou *pas*) *khyod tch'eho* « Tu es plus grand que moi ». — འདི་ལས་ (ou བས་) དེ་ནག་པ་ཡིན་ *hdi las* (ou *vas*) *de nag pa yin* « Cela est plus noir que ceci ».

Le superlatif s'exprime par ཐམས་ཅད་ལས་ *thams tchad las* « plus que tout » et ཆོས་ *chos* « le plus de tous ». Exemples : དེ་ཀུན་ལས་ (ou ཐམས་ཅད་ལས་) ཆེས་ *de koun las* (ou *thams tchad las*) *tch'eho* « Celui-là est le plus grand, ou plus grand que tout ». — ཕྱུག་ཆོས་ *phyoug* (prononcez *tch'oug*) *chos* « le plus riche de tous »; དབུལ་ཆོས་ *dboul chos* « le plus pauvre de tous ».

Le comparatif s'exprime quelquefois par ཇེ་ *dje* « plus », et le superlatif par རབ་ *rab* « le plus ». Exemples : ཇེ་མཐོ་ *dje mtho* « plus haut »; རབ་མཐོ་ *rab mtho* « le plus haut »; mais ces formes sont rares.

Les adverbes ལྷག་པར་ *lhag par* « plus, extrêmement », ཆེས་ *tch'es* « de beaucoup », s'emploient aussi pour exprimer un haut degré d'excellence ou une grande infériorité. Exemples : ལྷག་པར་འཕེལ་བ་ *lhag par hphel va* « extrêmement augmenté »; ཆེས་མྱུར་དུ་ *tch'es myour dou* « beaucoup plus vite ».

Le superlatif sans comparaison s'exprime par les adverbes རབ་ཏུ་ *rab tou* « éminemment »; ཤིན་ཏུ་ *chin tou* « très »; ཀུན་ཏུ་ *koun tou* « entièrement »; མཆོག་ཏུ་ *mtch'og tou* « principalement »; ཡོངས་སུ་ *yongs sou* « complétement »; ཡང་དག་པར་ *yang dag par* « tout à fait »; རྣམ་པར་ *rnam par* « spécialement ». Exemples : རབ་ཏུ་མཁས་པ་ *rab tou mkhas pa* « éminemment sage »; ཀུན་ཏུ་བཟང་པོ་ *koun tou bzang po* « entièrement bon, excellent »; ཤིན་ཏུ་གསལ་པོ་ *chin tou gsal po* « très-clair »; ཤིན་ཏུ་ཉེ་བ་ *chin tou ñe va* « très-près », etc.

Le superlatif est exprimé assez souvent par l'adjectif précédé du génitif. Exemples : མི་ཡི་དམ་པ་ « Le (plus) pur des hommes ». — ཆོས་ཐམས་ཅད་ཀྱི་ནང་ན་འདི་ཟབ་སྟེ་ « Entre toutes les lois, celle-ci est la (plus) profonde ».

NOMS DE NOMBRE.

41. Les nombres cardinaux s'expriment ainsi :

		Chiffres.
གཅིག་	*gtchig* « un ».............	༡
གཉིས་	*gñis* « deux »............	༢
གསུམ་	*gsoum* « trois »...........	༣
བཞི་	*bji* « quatre »............	༤
ལྔ་	*lnga* « cinq ».............	༥
དྲུག་	*droug* « six ».............	༦
བདུན་	*bdoun* « sept »...........	༧
བརྒྱད་	*brgyad* « huit »...........	༨
དགུ་	*dgou* « neuf »............	༩
བཅུ་	*btchou* ou བཅུ་ཐམ་པ་ *btchou tham pa* « dix »...	༡༠

བཅུ་གཅིག *btchou gtchig* « onze ».

བཅུ་གཉིས *btchou gñis* « douze ».

བཅུ་གསུམ *btchou gsoum* « treize ».

བཅུ་བཞི *btchou bji* « quatorze ».

བཅོ་ལྔ *btcho lnga* « quinze ».

བཅུ་དྲུག *btchou droug* « seize ».

བཅུ་བདུན *btchou bdoun* « dix-sept ».

བཅོ་བརྒྱད *btcho brgyad* « dix-huit ».

བཅུ་དགུ *btchou dgou* « dix-neuf ».

ཉི་ཤུ *ñi chou* ou ཉི་ཤུ་ཐམ་པ *ñi chou tham pa* « vingt ».

ཉི་ཤུ་རྩ་གཅིག *ñi chou rtsa gtchig* ou ཉེར་གཅིག *ñer gtchig* « vingt et un ».

ཉེར་གཉིས *ñer gñis* « vingt-deux », etc.

སུམ་ཅུ *soum tchou* ou སུམ་ཅུ་ཐམ་པ *soum tchou tham pa* « trente ».

སུམ་ཅུ་རྩ་གཅིག *soum tchou rtsa gtchig* ou སོ་གཅིག *so gtchig* « trente et un ».

བཞི་བཅུ *bji btchou* ou བཞི་བཅུ་ཐམ་པ *bji btchou tham pa* « quarante ».

བཞི་བཅུ་རྩ་གཅིག *bji btchou rtsa gtchig* ou ཞེ་གཅིག *je gtchig* « quarante et un ».

ལྔ་བཅུ *lnga btchou* ou ལྔ་བཅུ་ཐམ་པ *lnga btchou tham pa* « cinquante ».

ལྔ་བཅུ་རྩ་གཅིག *lnga btchou rtsa gtchig* ou ང་གཅིག *nga gtchig* « cinquante et un ».

དྲུག་ཅུ་ *droug tchou* ou དྲུག་ཅུ་ཐམ་པ་ *droug tchou tham pa* « soixante ».

དྲུག་ཅུ་རྩ་གཅིག་ *droug tchou rtsa gtchig* ou རེ་གཅིག་ *re gtchig* « soixante et un ».

བདུན་ཅུ་ *bdoun tchou* ou བདུན་ཅུ་ཐམ་པ་ *bdoun tchou tham pa* « soixante et dix ».

བདུན་ཅུ་རྩ་གཅིག་ *bdoun tchou rtsa gtchig* ou དོན་གཅིག་ *don gtchig* « soixante et onze ».

བརྒྱད་ཅུ་ *brgyad tchou* ou བརྒྱད་ཅུ་ཐམ་པ་ *brgyad tchou tham pa* « quatre-vingts ».

བརྒྱད་ཅུ་རྩ་གཅིག་ *brgyad tchou rtsa gtchig* ou གྱ་གཅིག་ *gya gtchig* « quatre-vingt-un ».

དགུ་བཅུ་ *dgou btchou* ou དགུ་བཅུ་ཐམ་པ་ *dgou btchou tham pa* « quatre-vingt-dix ».

དགུ་བཅུ་རྩ་གཅིག་ *dgou btchou rtsa gtchig* ou གོ་གཅིག་ *go gtchig* « quatre-vingt-onze ».

བརྒྱ་ *brgya* ou བརྒྱ་ཐམ་པ་ *brgya tham pa* « cent ».

སྟོང་ *stong* ou སྟོང་ཕྲག་ *stong phrag* « mille ».

ཁྲི་ *khri* ou ཁྲི་ཚོ་ *khri ts'o* « dix mille ».

འབུམ་ *hboum* ou འབུམ་ཚོ་ *hboum ts'o* « cent mille ».

ས་ཡ་ *sa ya* « un million ».

བྱེ་བ་ *bye va* (prononcez *tche va*) « dix millions ».

REMARQUES SUR LES NOMS DE NOMBRE.

† 42. 1° Les noms de nombre གཅིག་ *gtchig* « un », གཉིས་ *gñis*

« deux », གསུམ *gsoum* « trois », devant les dizaines ou les nombres plus élevés, suppriment le préfixe ག. Le premier change de plus ཅ en ཆ. EXEMPLES : ཆིག་བརྒྱ *tch'ig brgya* « un cent »; ཆིག་སྟོང *tch'ig stong* « un mille »; ཉིས་བརྒྱ *ñis brgya* « deux cents »; སུམ་བརྒྱ *soum brgya* « trois cents ». De ཉིས་ཅུ *ñis tchou*, on a formé ཉི་ཅུ *ñi chou*[1] « vingt », généralement employé maintenant.

† 2° བཅུ *btchou* et ཅུ *tchou* ont la même valeur. Le premier s'emploie après une voyelle; le second après une consonne; mais seulement après un nom de nombre, car on écrit : ཕྱོགས་བཅུ་ནི *phyogs btchou ni* « les dix points de l'espace ».

† 3° བཅོ་ལྔ *btcho lnga* et བཅོ་བརྒྱད *btcho brgyad* sont employés maintenant au lieu des anciens termes བཅུ་ལྔ et བཅུ་ལྔ « quinze », བཅུ་བརྒྱད et བཅུ་བརྒྱད « dix-huit ».

† 4° Les mots suivants sont des explétifs qui s'emploient : རྩ *rtsa*, entre les dizaines et les unités, depuis vingt et un jusqu'à quatre-vingt-dix-neuf; ཐམ་པ *tham pa*, après les dizaines, jusqu'à cent; ཕྲག *phrag*, après les centaines et les mille, et aussi quelquefois après un nombre plus petit, comme : བདུན་ཕྲག *bdoun phrag* « semaine »[2].

---

[1] Un changement de même nature a lieu dans ཁྱོ་ཆུག *khyo choug*, pour ཁྱོ་དང་ཆུང་མ *khyo dang tch'oung ma* « mari et femme ».

[2] Cette remarque sur l'emploi de ཕྲག, que je donne ici d'après

ཚོ *ts'o* s'emploie après un grand nombre en général, comme : ཁྲི་ཚོ *khri t'so* « dix mille »; འབུམ་ཚོ *hboum ts'o* « cent mille »; mais on le trouve aussi avec des nombres plus petits.

On rencontre aussi comme explétifs ཙམ *tsam* et སྙེད *sñed*. EXEMPLE : འཆི་བའི་ཆ་ནི་སྟོང་སྙེད། གསོན་པའི་ཆ་གཅིག་ཙམ་ཞིག་གོ། *htch'i vahi tch'a ni stong sñed, gson pahi tch'a gtchig tsam jig go* « La mort a mille voies; la vie n'en a qu'une seule ».

43. Les noms de nombre cardinaux redoublés doivent se traduire : གཅིག་གཅིག *gtchig gtchig* « tout seul, unique »; གསུམ་གསུམ *gsoum gsoum* « trois à trois, trois à la fois », ou, comme en multipliant, par « trois fois trois », et de même pour les autres.

Quand deux nombres différents sont placés l'un à côté

Csoma et d'après Schmidt, ne parle pas du sens le plus remarquable de cette particule. Quand ཕྲག accompagne des centaines ou des mille suivis d'un autre nom de nombre, cette particule a le sens du français « fois », et les centaines ou les mille se multiplient par le nombre qui suit. EXEMPLES : བརྒྱ་ཕྲག་བཅུ *brgya phrag tchou* « dix fois cent », c'est-à-dire « mille », et non « cent dix ». (*Dsang-loun*, chap. XI, p. 52, l. 8); སྟོང་ཕྲག་ཉི་ཤུ *stong phrag ñi chou* « vingt fois mille », ou « vingt mille » (*Rgya tch'er rol pa*, ch. VII, p. 73, l. 15); བརྒྱ་སྟོང་ཕྲག་ལྔ་བཅུ *brgya stong phrag lnga btchou* « cinquante fois cent mille », ou « cinq millions » (*Lotus de la bonne loi*, ch. VII).

de l'autre, le premier se multiplie par le second, comme :
བདུན་གསུམ་ནི་ཉུ་གཅིག་ *bdoun gsoum ñi chou gtchig* «Trois fois sept (font) vingt et un »[1].

44. Lorsque le mot ཁྲི་ *khri* « dix mille » est suivi d'un nombre de mille en plus des dix mille qu'il représente collectivement par lui-même, le mot སྟོང་ *stong* « mille » est exprimé de nouveau après le nombre simple indiquant la quantité de mille en plus. EXEMPLES : བརྒྱད་ཁྲི་བཞི་སྟོང་ *brgyad khri bji stong* « huit (fois) dix mille (plus) quatre mille », ou « quatre-vingt-quatre mille »; སུམ་ཁྲི་ཉིས་སྟོང་ *soum khri ñis stong* « trois (fois) dix mille (plus) deux mille », ou « trente-deux mille »; ཁྲི་ཉིས་སྟོང་ *khri ñis stong* « dix mille (plus) deux mille », ou « douze mille ».

45. On rencontre quelquefois une locution particulière qui consiste à intercaler le mot ཕྱེད་ *phyed* « moitié » au milieu d'un nombre, ce qui indique qu'il faut retrancher du total la moitié de la valeur du nom de nombre qui précède immédiatement ཕྱེད. EXEMPLE : བརྒྱ་ཕྲག་ཕྱེད་དང་བཅུ་གསུམ་ *brgya phrag phyed dang btchou gsoum* « douze cent cinquante » (littéralement : « treize cents moins une moitié de cent »), ce que l'allemand peut traduire exactement par

---

[1] Dans le chapitre v du *Dsang-loun*, page 31, ligne 4, སུམ་ཉིས་ *soum ñis* (c'est-à-dire གསུམ་ *gsoum* et གཉིས་ *gñis* sans préfixes) signifie « deux tiers ».

Dreizehnte Halbhundert. Cette locution est une imitation du sanscrit *ardhatrayôdaçaçatâni,* et le tibétain la rend quelquefois simplement par སྟོང་གཉིས་བརྒྱ་ལྔ་བཅུ་ *stong ñis brgya lnga tchou* « mille deux cent cinquante ».

46. Certains nombres cardinaux, qu'il ne faut pas confondre avec les ordinaux, se forment en les faisant suivre de པོ et quelquefois de བ ou de མ. Exemples : གཅིག་པོ་ *gtchig po* « consistant en un »; གཉིས་པོ་ *gñis po* « consistant en deux, composé de deux »; བམ་པོ་སུམ་ཅུ་པ་ *bam po soum tchou pa* « composé de trente parties »; ལེའུ་བཞི་མ་ *lehou bji ma* « contenant quatre chapitres ».

47. On forme des adverbes en mettant devant les nombres cardinaux le mot ལན་ *lan* « fois », ou en les faisant suivre de གྱུར་ *gyour,* qui a le même sens. Exemples : ལན་གཅིག་ *lan tchig* « une fois »; ལན་གཉིས་ *lan gñis* « deux fois »; སུམ་གྱུར་ *soum gyour* « trois fois ».

48. Les nombres ordinaux proprement dits se forment en ajoutant aux nombres cardinaux la particule བ en général, et quelquefois མ au féminin. Exceptez དང་པོ་ *dang po* « premier » (et non གཅིག་པ་ *gtchig pa*). Sauf cette exception, tout le reste est formé régulièrement. Exemples : གཉིས་པ་ *gñis pa* « deuxième »; གསུམ་པ་ *gsoum pa* « troisième »; བཅུ་གཅིག་པ་ *btchou gtchig pa* « onzième »; ཉེར་གཅིག་པ་ *ñer gtchig pa* « vingt et unième ».

49. Les noms de nombre ordinaux et cardinaux se

mettent après le substantif. Exemples : ཨོ་གཅིག *lo gtchig* « un an »; ལེའུ་བཅུ་པ *lehou btchou pa* « chapitre dixième ».

On rencontre cependant des exemples de noms de nombre précédant le substantif; et, dans ce cas, ils se mettent au génitif comme les adjectifs (voyez le n° 30). Exemples : དྲུག་གི་ལྷ་རྣམས *droug gi lha rnams* « six dieux » (*Rgya tch'er rol pa*, chap. xx, au commencement); བརྒྱའི་ཆ་དང་སྟོང་གི་ཆ *brgyahi tch'a dang stong gi tch'a* « la centième partie et la millième partie » (*Lotus de la bonne loi*, ch. xiv, vers le commencement).

50. Les nombres sont souvent exprimés sur les registres ou ailleurs par les lettres de l'alphabet, de la manière suivante :

Les trente premières lettres, depuis ཀ jusqu'à ཨ, avec l'*a* inhérent, indiquent les nombres 1 à 30; avec la voyelle *i* ཀི-ཨི, 31-60; avec *ou* ཀུ-ཨུ, 61-90; avec *e* ཀེ-ཨེ, 91-120; et enfin, avec *o* ཀོ-ཨོ, 121-150. S'il fallait continuer, on étendrait les nombres jusqu'à 300, en allongeant les voyelles au moyen de འ, comme : ཀཱ-ཨཱ 151-180; ཀཱི-ཨཱི 181-210, etc.

Dans les livres tibétains, spécialement dans les index, on rencontre souvent, après les lettres numérales, les particules པ, པར, པ་ལ; la première indiquant le volume, le chapitre, et les autres signifiant « dans le volume », etc. Exemples : ཀ་པ *ka pa* « le volume (ou toute autre chose)

marqué *ka*», c'est-à-dire « le premier »; ཀི་པར *ki par* ou
ཀི་པ་ལ *ki pa la* « dans le volume marqué *ki* », c'est-à-dire
« le trente et unième ».

Quand deux feuillets de suite se trouvent marqués du
même chiffre, qu'il est d'usage d'écrire en toutes lettres,
on fait suivre ce chiffre des mots གོང་མ *gong ma* « supérieur », pour le premier, et de འོག་མ *hog ma* « inférieur »,
pour le second. EXEMPLES : ག། རེ་གཅིག་གོང་མ *ga, re gtchig gong ma*; ག། རེ་གཅིག་འོག་མ *ga, re gtchig hog ma*, c'est-à-dire : « volume ག ou troisième, feuillet 61 », et « feuillet 61 *bis* ».

DES PRONOMS.

PRONOMS PERSONNELS.

51.   PRONOMS DE LA PREMIÈRE PERSONNE.

ང *nga*, des deux genres........	
བདག *bdag*, des deux genres.....	
ཁོ་བོ *kho vo*, masculin........	
ཁོ་མོ *kho mo*, féminin.........	« Je, moi ».
ངེད *nged* (hon.) des deux genres.	
རང *rang*, des deux genres......	
ང་རང *nga rang*.............	
ང་བདག *nga bdag*.............	
ང་ཉིད *nga ñid*...............	« Moi-même, je, moi ».
ང་ཁོ་ན *nga kho na*............	
ང་ནི *nga ni*.................	

DES PRONOMS.

— བདག་རང་ bdag rang............
— བདག་ཉིད་ bdag ñid............
— བདག་ཁོ་ན་ bdag kho na..........
— བདག་ནི་ bdag ni............... } « Moi-même, je,
— རེད་རང་ nged rang (hon.)........ } moi ».
— རེད་ཉིད་ nged ñid (hon.).........
— རེད་ཁོ་ན་ nged kho na (hon.).....
— རེད་ནི་ nged ni (hon.)..........

On rencontre aussi quelquefois དངོས་ dngos (ou ངོས་ ngos) et ངན་བུ་ ngan bou employés comme pronoms personnels avec le sens de : « je, moi-même, nous ».

La première personne du pluriel est rendue quelquefois par ང་ཚག་ ha tchag, བུ་ཚག་ hou tchag, བུ་བུ་ཚག་ hou bou tchag ou ཡུ་བུ་ཚག་ you bou tchag, བུ་སྐོལ་ hou skol ou ཧོ་སྐོལ་ ho skol, avec ou sans l'explétif རྣམས་ après eux.

52.   PRONOMS DE LA DEUXIÈME PERSONNE.

ཁྱོད་ khyod............ }
ཁྱེད་ khyed............ } des 2 g. « Toi, tu, vous ».
ཁྱོད་རང་ khyod rang.....
ཁྱོད་ཉིད་ khyod ñid..... } des 2 g. « Toi-même, vous-
ཁྱོད་ཁོ་ན་ khyod kho na. } même ».
ཁྱེད་རང་ khyed rang.....
ཁྱེད་ཉིད་ khyed ñid..... } (hon.) des 2 g. « Toi-même,
ཁྱེད་ཁོ་ན་ khyed kho na.. } vous-même ».

53. PRONOMS DE LA TROISIÈME PERSONNE.

ཁོ *kho*, des deux genres............
ཁོ་པ *kho pa*, masculin............
ཁོ་མ *kho ma* ou ཁོ་མོ *kho mo*, féminin.
ཁོང *khong* (hon.) des deux genres... } « Il, elle ».
ཁོང་པ *khong pa* (hon.) masculin.....
ཁོང་མ *khong ma* (hon.) féminin.....

ཁོ་རང *kho rang*...............
ཁོ་ཉིད *kho ñid*................
ཁོང་རང *khong rang* (hon.)......... } « Lui-même,
ཁོང་ཉིད *khong ñid* (hon.).......... elle-même ».
ཉིད *ñid* (hon.)................

54. Les pronoms marqués hon. (honorifique) s'emploient quand on parle avec respect. Les pronoms ངེད *nged* « je, moi », ཁྱེད *khyed* « toi, tu », et leurs composés, s'emploient aussi bien au pluriel qu'au singulier, pour exprimer un degré de politesse de la part de celui qui parle.

55. Les pronoms se réduisent véritablement à ང *nga* « je », ཁྱོད *khyod* « toi, tu », ཁོ *kho* « il, elle »; mais les autres se présentent fréquemment en parlant avec plus ou moins de respect, de politesse ou d'emphase.

56. Le pluriel des pronoms personnels se forme en ajoutant l'un des trois signes du pluriel ou deux de ces signes réunis à la forme du singulier. EXEMPLES : ང་ཅག *nga*

tchag ou ང་ཚག་རྣམས་ *nga tchag rnams* « nous »; ཁྱོད་དག་ *khyod dag* ou ཁྱོད་དག་རྣམས་ *khyod dag rnams* « vous »; ཁོ་ཚག་ *kho tchag* ou ཁོ་ཚག་རྣམས་ *kho tchag rnams* « eux ».

57. DÉCLINAISON DES PRONOMS PERSONNELS.

Tous les pronoms personnels se déclinent régulièrement, suivant la forme générale de la déclinaison (n° 23).

PRONOM DE LA PREMIÈRE PERSONNE.

Singulier.

Nom. et acc. ང་ *nga* « je, moi ».

Instrum... ང་ཡིས་ *nga yis* ou ངས་ *ngas* « par moi ».

Génitif.... ངའི་ *ngahi* ou ང་ཡི་ *nga yi* « de moi ».

Datif..... ང་ལ་ *nga la* ou ངར་ *ngar* « à moi ».

Ablatif.... ང་ནས་ *nga nas* ou ང་ལས་ *nga las* « de moi ».

Pluriel.

Nom. et acc. ང་ཚག་ *nga tchag* ou ང་ཚག་རྣམས་ *nga tchag rnams* « nous ».

58. PRONOM DE LA DEUXIÈME PERSONNE.

Singulier.

Nom. et acc. ཁྱོད་ *khyod* ou ཁྱེད་ *khyed* « toi, tu ».

Instrum... ཁྱོད་ཀྱིས་ *khyod kyis* « par toi ».

Génitif.... ཁྱོད་ཀྱི་ *khyod kyi* « de toi ».

Datif..... ཁྱོད་ལ་ *khyod la* « à toi ».

Ablatif.... ཁྱོད་ནས་ *khyod nas* « de toi ».

Pluriel.

Nom. et acc. ཁྱོད་ཅག་ *khyod tchag* ou ཁྱོད་རྣམས་ *khyod rnams* « vous ».

59.   PRONOM DE LA TROISIÈME PERSONNE.

Singulier.

Nom. et acc. ཁོ་ *kho* « il, lui, elle ».
Instrum... ཁོ་ཡིས་ *kho yis* ou ཁོས་ *khos* « par lui, par elle ».
Génitif.... ཁོའི་ *khohi* ou ཁོ་ཡི་ *kho yi* « de lui, d'elle ».
Datif..... ཁོ་ལ་ *kho la* « à lui, à elle ».
Ablatif.... ཁོ་ནས་ *kho nas* « de lui, d'elle ».

Pluriel.

Nom. et acc. ཁོ་ཅག་ *kho tchag* ou ཁོ་ཅག་རྣམས་ *kho tchag rnams* « ils, elles, eux ».

60.   PRONOMS POSSESSIFS.

Les génitifs des pronoms personnels servent de pronoms possessifs. Ils se mettent toujours devant le substantif et restent invariables à tous les cas des deux nombres. EXEMPLES : ངའི་པ་ *ngahi pha* « mon père »; ཁྱོད་ཀྱི་མ་ *khyod khyi ma* « ta mère »; ཁོའི་བུ་ *kho hi bou* « son fils »; ང་ཅག་གི་བུ་མོ་ *nga tchag gi bou mo* « notre fille ».

བདག་གི་ *bdag gi* et རང་གི་ *rang gi* se rapportent quelquefois à la personne à qui l'on parle, comme : མས་སུས་པ་ཁྱེད་

DES PRONOMS.

ཉེས་བདག་གི་ཁ་ལ་སྟེར་བཉེ་བའི་ཕྱིར། « La mère dit : Vous, par bonté pour votre père » (et non « notre père »). — དེ་གཉིས་ ཉེས་རང་གི་ཁ་ལ་བཏུལ་ཏོ། « Ils convertirent leur père » (et non « notre père »).

Cette manière de parler est une imitation de l'emploi du pronom sanscrit *sva*.

61.   PRONOMS DÉMONSTRATIFS.

Le pronom démonstratif de proximité est འདི་ *hdi* « ce, celui-ci, celle-ci, ceci »; celui qui indique l'éloignement est དེ་ *de* « celui-là, celle-là, cela ».

62. DÉCLINAISON DES PRONOMS DÉMONSTRATIFS.

Singulier.

Nom. et acc. འདི་ *hdi* « ce, cette, celui-ci, celle-ci, ceci ».
Instrum... འདིས་ *hdis* ou འདི་ཡིས་ *hdi yis* « par celui-ci ».
Génitif.... འདིའི་ *hdihi* ou འདི་ཡི་ *hdi yi* « de celui-ci ».
Datif..... འདི་ལ་ *hdi la* « à celui-ci ».
Ablatif.... འདི་ནས་ *hdi nas* « de celui-ci ».

Pluriel.

Nom. et acc. འདི་དག་ *hdi dag* ou འདི་རྣམས་ *hdi rnams* « ces, ceux-ci, celles-ci ».

དེ་ *de* se décline de la même manière que འདི་ *hdi*.

On rencontre fréquemment ces pronoms démonstratifs suivis de ནི་ *ni*, བོ་ *vo*, ཉིད་ *ñid*, ཁོ་ན་ *kho na*, etc. EXEMPLES : འདི་ནི་ *hdi ni*, འདི་ཉིད་ *hdi ñid*, འདི་ཁོ་ན་ཉིད་ *hdi kho na ñid* « celui-ci même »; ཞེ་བོ་ *de vo*, ཞེ་ཉིད་ *de ñid*, etc. « celui-là même ».

63.   PRONOMS INTERROGATIFS.

Les pronoms interrogatifs sont : སུ་ *sou* « qui? », གང་ *gang* « lequel? », ཅི་ *tchi* « quoi? ». Ils se déclinent comme les précédents.

Singulier.

Nom. et acc.   སུ་ *sou* « qui? quel? quelle? ».
Instrum...   སུས་ *sous* ou སུ་ཡིས་ *sou yis* « par qui? ».
Génitif....   སུའི་ *souhi* ou སུ་ཡི་ *sou yi* « de qui? ».
Datif.....   སུ་ལ་ *sou la* « à qui? ».
Ablatif....   སུ་ནས་ *sou nas* « de qui? ».

Pluriel.

Nom. et acc.   སུ་དག་ *sou dag* ou སུ་རྣམས་ *sou rnams* « qui? quels? lesquels? lesquelles? ».

Les pronoms interrogatifs prennent souvent après eux la particule ཞིག་ *jig*. Exemples : སུ་ཞིག་ *sou jig* « lequel? » (*quisnam*); གང་ཞིག་ *gang jig* « quel? »; ཅི་ཞིག་ *tchi jig* « quoi? » (*quidnam*); et alors, les particules servant à former les cas s'accordent avec ཞིག་ (voy. n° 14).

64.   PRONOMS RELATIFS.

Les pronoms interrogatifs qui précèdent sont aussi employés dans un sens relatif. Exemples : སུ་ *sou* ou གང་སུ་ *gang sou* « lequel, qui »; གང་ཞིག་ *gang jig* « qui que ce soit qui »;

གང་ཅི་ *gang tchi* ou གང་ཇི་ *gang dji* « ce qui, ce que ». Ils se déclinent comme les précédents.

65.   PRONOMS RÉCIPROQUES.

Les pronoms personnels རང་ *rang*, བདག་ *bdag*, ཉིད་ *ñid*, རང་ཉིད་ *rang ñid*, བདག་ཉིད་ *bdag ñid* « moi, moi-même, soi, soi-même, de soi-même », etc. servent de pronoms réciproques. Ils se déclinent régulièrement.

Singulier.

Nom. et acc.   རང་ *rang* « moi-même ».
Instrum. . . .   རང་གིས་ *rang gis* « par moi-même ».
Génitif . . . .   རང་གི་ *rang gi* « de moi-même ».
Datif . . . . .   རང་ལ་ *rang la* « à moi-même ».
Ablatif . . . .   རང་ནས་ *rang nas* « de moi-même ».

Pluriel.

Nom. et acc.   རང་དག་ *rang dag* ou རང་རྣམས་ *rang rnams* « nous-mêmes ».

DES VERBES.

66. Les verbes n'ont pas de terminaisons pour indiquer les personnes; c'est le nom ou le pronom précédent ou le sens qui les distingue. On emploie un grand nombre de locutions impersonnelles ou indéfinies formées par les participes.

67. Le participe présent peut être regardé comme le

thème du verbe, et c'est en effet la forme adoptée par les Tibétains pour en fixer la signification dans leurs dictionnaires. Ce participe se termine toujours par l'une des particules བ ou བ et peut être pris dans le sens du substantif, comme : བྱེད་པ *byed (tched) pa* « faisant » ou « un fait »; འགྲོ་བ *hgro va* « marchant » ou « la marche ».

68. Pour exprimer un agent, on fait suivre le participe d'une seconde particule, comme : བྱེད་པ་པོ *byed (tched) pa po* « le faiseur »; བྱེད་པ་མོ *byed (tched) pa mo* « la faiseuse », etc. (voy. n° 9, 7°-14°). Les expressions de ce genre se rencontrent le plus souvent sous la forme abrégée de བྱེད་པོ, བྱེད་མོ.

Cette espèce de nom verbal se forme souvent en ajoutant à la racine d'un verbe les mots བྱེད་ *byed (tched)* « faisant », མཁན་ *mkhan* « habile à », ou même les deux à la fois, avec ou sans les particules བ au masculin, མ au féminin. Exemples : འགྲོ་བྱེད *hgro byed*, འགྲོ་མཁན *hgro mkhan* ou འགྲོ་བྱེད་མཁན *hgro byed mkhan* « marcheur, marcheuse », au lieu de འགྲོ་བྱེད་པ au masculin, འགྲོ་བྱེད་མ au féminin, etc. Cette forme équivaut à : « Celui, celle qui fait la marche, qui est habile à marcher ».

FORMATION DES TEMPS.

69. L'infinitif se forme en joignant ར[1] à la particule

---

[1] Cet ར n'est autre chose que la particule du locatif, ce qui ex-

ཟ ou བ qui suit le participe. EXEMPLE : བྱེད་པར་ *byed (tched) par* « faire ».

L'infinitif est quelquefois confondu avec le gérondif ou supin, mais la forme régulière de ce dernier prend l'une des particules དུ, ཏུ, སུ, ར ou རུ (voy. n° 21, 4°). EXEMPLES : བྱེད་དུ་ *byed (tched) dou* « à faire, pour faire »; ཀློག་ཏུ་ *klog tou* « à lire, pour lire »; ཟ་རུ *za rou* ou ཟར *zar* « pour manger, à manger ». La racine seule d'un verbe s'emploie dans quelques locutions avec le sens de l'infinitif ou du gérondif. EXEMPLES : སྐུ་གདུང་གཞག་མི་དགོས་སོ། *skou gdoung gjag mi dgos so* « déposer des reliques n'est pas nécessaire » (*Lotus*, x); སྲུང་ནུས་ཤིང་། *sroung nous ching* « capable de conserver » (*Lotus*, IV).

70. L'indicatif présent s'exprime :

1° Par la simple racine du verbe : ང་བྱེད་ *nga byed (tched)* « je fais », ཁྱོད་བྱེད་ *khyod byed (tched)* « tu fais ».

2° En redoublant la lettre finale de la racine, si c'est une consonne, et en y joignant la particule ོ. EXEMPLE : ཁོ་བྱེད་དོ་ *kho byed (tched) do* « il fait ». Ou simplement en ajoutant ོ à la suite de la racine, si la lettre finale est une voyelle. EXEMPLE : ང་འགྲོའོ་ *nga hgroho* « je vais ».

---

plique comment l'infinitif est souvent confondu avec le gérondif. — Comparez l'infinitif anglais (*to do, to give*, etc.) formé aussi en mettant la racine au locatif.

3° En ajoutant à l'infinitif བྱེད ou བྱེད་དུ. EXEMPLE : ཁོ་ འགྲོ་བར་བྱེད *kho hgro var byed* (*tched*) «il marche» (littéralement : «il fait le marcher»). Le signe de l'infinitif est souvent supprimé, comme : ང་འགྲོ་བྱེད *nga hgro byed* (*tched*) «je marche».

4° En mettant après la racine du verbe བཞིན་པ *bjin pa* ou l'un des auxiliaires འདུག *hdoug*, སྣང *snang*, précédés de l'une des particules ཀྱིན *kyin*, གིན *gin*, གྱིན *gyin*, ཞིན *hin* ou ཡིན *yin*, lesquelles s'emploient suivant la lettre finale de la racine (voyez le n° 21, 2°). EXEMPLES : བྱེད་བཞིན་པ *byed* (*tched*) *bjin pa* ou བྱེད་ཀྱིན་འདུག་པ *byed* (*tched*) *kyin hdoug pa* «est faisant, fait»; འགྲོ་བཞིན་པ *hgro bjin pa* ou འགྲོ་ཞིན *hgro hin*, ou འགྲོ་ཡིན་སྣང *hgro yin snang* «est allant, va».

71. L'imparfait et le plus-que-parfait se forment en ajoutant au prétérit et au parfait le verbe auxiliaire འདུག་པ *hdoug pa* «être». EXEMPLES : ཨོང་འདུག་པ *hong hdoug pa* «était venant, venait»; ཨོངས་འདུག་པ *hongs hdoug pa* «était venu».

Le parfait s'exprime ordinairement avec le participe passé. EXEMPLE : སྨྲས་པ *smras pa* «il dit». Et le plus-que-parfait s'exprime en ajoutant ཡིན་པ *yin pa* au précédent. EXEMPLE : སྨྲས་པ་ཡིན་པ *smras pa yin pa* ou སྨྲས་ཡིན་པ *smras yin pa* «avait dit».

72. La même forme sert pour le participe passé, le prétérit et le participe passif. Elle est produite régulière-

ment dans quelques verbes par l'affixe ས ajouté à la racine, comme : གསུངས *gsoungs* « commandé, commanda », de གསུང *gsoung* « commander ». Dans d'autres verbes, le préfixe འ est supprimé. Exemple : གྱུར *gyour* « devenu, devint », de འགྱུར *hgyour* « devenir ».

Enfin, dans certains verbes, le préfixe འ est supprimé, et l'on ajoute l'affixe ས. Exemple : བྲིས *bris* « écrit », de འབྲི *hbri* « écrire ».

Le prétérit prend souvent après lui la particule ོ, en redoublant la lettre finale, si cette lettre n'est pas l'une des suivantes : ན, ར, ལ, après lesquelles on met ཏུ (n° 11). Exemples : སོང་ངོ *song go* « alla »; བྲིས་སོ *bris so* « écrivit »; གསན་ཏོ *gsan to* « entendit »; གྱུར་ཏོ *gyour to* « devint »; གསོལ་ཏོ *gsol to* « demanda ».

Le temps passé est souvent formé irrégulièrement en ajoutant à la racine l'un des mots suivants : ཟིན *zin*, གྱུར *gyour*, ཡིན *yin*, ཚར *ts'ar*, སོང *song*, ou deux de ces mots à la fois. Exemple : ང་ནི་དེ་མ་ཤེས་ཟིན *nga ni de ma ches zin* (ou ཤེས་ཚར་ཟིན *ches ts'ar zin*, ou ཤེས་ཚར་ཟིན་ཏོ *ches ts'ar zin to*) « je n'ai pas su cela ».

73. On forme avec le participe présent ou le participe passé une espèce de locution absolue, en ajoutant à ces participes le signe de l'ablatif, de l'instrumental, du génitif ou du datif. Exemples : སྨྲས་ནས *smras nas* ou སྨྲས་པས *smras pas* « ayant dit, après avoir dit »; མོད་ཀྱི *mod kyi* ou མོད་ལ *mod*

la « cela étant ». On obtient le même sens avec les particules དེ, རེ et སྟེ. EXEMPLES : སྨྲ་སྟེ *smra ste* « disant »; སྨྲས་ཏེ *smras te* « ayant dit » (voy. n° 13).

74. 1° Le premier futur se forme régulièrement, dans beaucoup de verbes, de l'infinitif, en y ajoutant འགྱུར *hgyour*. EXEMPLE : བྱེད་པར་འགྱུར *byed par hgyour* (prononcez *tched par djour*), ou sans le signe de l'infinitif : བྱེད་འགྱུར *byed hgyour* (*tched djour*) « fera ».

Le présent s'emploie quelquefois à la place du futur, avec les particules འོ et གྱིས. EXEMPLES : ཅི་དང་ཅི་འདོད་པ་བདག་གིས་དེ་ལ་དེ་སྦྱིན་གྱིས་ *tchi dang tchi hdod pa bdag gis de la de sbyin gyis* « Tout ce qu'il désire, je le lui donnerai » (*Lotus*, III). — དེ་དག་ཐམས་ཅད་ངས་ཁྱོད་ལ་སྦྱིན་གྱིས་ *de dag thams tchad ngas khyod la sbyin gyis* « Je te donnerai toutes ces choses-là », en sanscrit : *sarvamanoupradâsyâmi* (*Lotus*, IV). — རྒྱལ་བར་འགྱུར་གྱིས་ *rgyal var hgyour gyis* « Vous deviendrez des Djinas », en sanscrit : *djinô bhavichyatha* (*Lotus*, III, stance 85). — ཅི་དང་ཅི་འདོད་པ་ཡིད་བཞིན་དུ་སྦྱིན་ནོ་ *tchi dang tchi hdod pa yid bjin dou sbyin no* « Tout ce que (il) veut, (je le lui) donnerai suivant son désir » (*Dsang-loun*, I, p. 4). — དེ་ཁྱོད་ལ་དགོས་ན་ངས་ཁྱེད་ལ་སྦྱིན་ནོ། *de khyod la dgos na ngas khyed la sbyin no* « Si cela t'est nécessaire, je te le donnerai » (*Lotus*, IV). — (Comparez, n° 11, en note, l'emploi de དུ་ au futur.)

2° Le deuxième futur s'exprime par le participe passé,

en y ajoutant འགྱུར་ *hgyour*, comme pour le premier futur. EXEMPLE : བྱས་པར་འགྱུར་ *byas par hgyour* « j'aurai fait ».

3° Les participes futurs sont formés, dans beaucoup de verbes, spécialement dans les neutres, avec l'infinitif, auquel on ajoute བྱ *bya* ou བྱ་བ *bya va* (*tcha va*), qui est le participe futur de བྱེད་ *byed* « faire », employé alors comme auxiliaire. EXEMPLE : འགྲོ་བར་བྱ་བ *hgro var bya va* ou འགྲོ་བྱ *hgro bya* « devant aller, prêt à aller » (*iturus, eundus*). Ils viennent quelquefois de futurs irréguliers. On doit souvent les traduire par : « il faut que je..., que vous... », etc. On les emploie assez souvent pour traduire les impératifs sanscrits, comme : འདིའི་ནོར་བྱ་འདི་བྱའོ *hdihi nor bou hdi byaho* « Que ce joyau soit à lui », en sanscrit : *tasyêdam ratnam bhavatou* (*Lotus*, VIII).

75. L'impératif est, dans beaucoup de verbes, semblable au présent ou au passé. EXEMPLES : འདུག *hdoug* (forme du présent) « asseyez(-vous) »; སོང *song* (forme du passé) « allez ».

Dans quelques verbes, les voyelles *a* ou *e* du radical sont changées en *o*. Ainsi, de ཟ *za* « manger » vient ཟོ *zo* « mange »; de སེལ *sel* « guérir », སོལ *sol* « guéris ».

Quelques verbes ajoutent de plus l'affixe ས, comme : སྨྲོས *smros* « dis, parle », de སྨྲ; བྱེད *change* ད་ en ས; et l'on a བྱོས *byos* (*tchos*) « fais ».

Quand l'impératif est précédé de la négation མ, ce

changement de l'a ou de l'e du radical en o n'a pas lieu.

EXEMPLE : འཇིགས་པར་མ་བྱེད་དགའ་བར་བྱོས་ *hdjigs par ma byed (tched) dgah var byos (tchos)* « Ne vous effrayez pas, réjouissez-vous ». Dans le premier membre de la phrase qui précède, བྱེད་ n'a pas changé, à cause de མ; et, dans le second membre, il a pris la forme régulière de l'impératif, བྱོས.

L'impératif prend quelquefois le signe du datif, ལ. EXEMPLES : བྱོས་ལ་ *byos (tchos) la* « fais »; ཉོན་ལ་ *ñon la* « écoute »; ཆུས་ཁོང་ལ་ *tch'ous khong la* « emplis d'eau »[1]. Quand deux impératifs se suivent, le premier prend généralement ལ. EXEMPLE : ལོང་ལ་སོང་ཞིག་ *long la song jig* « prends-le et va ».

Ce temps est souvent suivi des particules ཅིག་ *tchig*, ཞིག་ *jig* ou ཤིག་ *chig*; et, dans ce cas, il tend à se confondre avec le précatif ou hortatif (voy. n° 76).

---

[1] Cette forme répond quelquefois aux potentiels sanscrits, et alors ལ est synonyme de ཏེ et de ནས. EXEMPLES : མི་རེ་ཆེན་པོ་ཞིག་ཏུ་ལགས་ལ། དེ་བར་དབུལ་པོར་གྱུར་ནས། « Que cet homme soit un grand personnage, et celui-là un pauvre », en sanscrit : *sa mahâ pourouchô bhavêt, sa tcha daridras syât.* — ཡུལ་ཕྱོགས་གཞན་དུ་བྱིན་ཏེ། « Qu'il aille dans un autre pays », en sanscrit : *anyattaram djanapradêçam gatch'êt* (*Lotus*, IV).

Quand deux impératifs ou plus sont placés à la suite les uns des autres, le dernier seulement prend une des particules qui précèdent; les autres sont accompagnés de ཨ་, དེ་, དེ་ ou ཤེ་. Exemple : ཁྲིད་དེ་ཤོག་ཤིག་ *khrid de chog chig* « viens et amène » (littéralement : « viens en amenant ») (*Dsang-loun*, chap. VIII, p. 40, l. 10).

ཤིག་ peut s'employer seul avec un adjectif pour exprimer le verbe *être* à l'impératif, comme : སྲིང་མོ་དག་ཁ་རོག་ཤིག་ *sring mo dag, kha rog chig* « Sœurs! soyez silencieuses » (*Doulva*, ཙ་, fol. 330 a).

On trouve quelquefois des impératifs formés avec l'auxiliaire མཛད་ *mdsad* « faire », quand on parle avec respect. Exemples : རྒྱལ་པོ་མཁྱེན་པར་མཛོད་ *rgyal po mkhyen par mdsod* (ou མཛོད་ཅིག་ *mdsod tchig*) « ô roi! sachez »; གྱུམས་མོ་མ་མཛད་ཅིག་ *choums mo ma mdsad tchig* « ne vous lamentez pas ».

76. Le présent du subjonctif (mode hortatif ou précatif) est formé régulièrement avec l'une des particules ཅིག་, ཞིག་ ou ཤིག་. Exemples : ཀློག་ཅིག་ *klog tchig* « lis, qu'il lise »; སོང་ཞིག་ *song jig* « va, qu'il aille ».

On le forme aussi avec l'infinitif, en ajoutant གྱུར་ཅིག་ *gyour tchig*, ཆོག་ *chog* ou ཆོག་ཅིག་ *chog tchig*. Exemples : ཤེས་པར་གྱུར་ཅིག་ *ches par gyour tchig* ou ཤེས་གྱུར་ཅིག་ *ches gyour tchig* « sache, qu'il sache »; ཧོང་བར་ཆོག་ *hong var chog* (ou ཆོག་ཅིག་ *chog tchig*) « qu'il vienne, puisse-t-il venir ».

77. Les conditionnels sont formés en ajoutant ན་ au

présent et au prétérit. EXEMPLES : བྱེད་ན byed (tched) na «vous feriez, si vous faisiez»; བྱས་ན byas (tche) na «vous auriez fait, si vous aviez fait».

DU VERBE SUBSTANTIF.

78. Le verbe substantif *être* s'exprime proprement par ཡིན yin et ཡོད yod, mais les Tibétains emploient plusieurs autres termes, quand ils veulent parler avec plus ou moins de politesse [1] :

1° ཡིན yin «être». EXEMPLE : ཁོ་ཆེན་པོ་ཡིན kho tch'en po yin «il est grand».

2° ཡོད yod «être» : འདི་ནང་ན་ཅི་ཡོད hdi nang na tchi yod «qu'y a-t-il en ceci?».

Ce verbe, suivi des pronoms personnels au datif, remplace le verbe *avoir*, qui n'existe pas dans la langue tibétaine (comparez, n° 60, les pronoms possessifs). EXEMPLE : ང་ལ་ཡོད nga la yod «est à moi, j'ai».

---

[1] Cette distinction, qui a déjà été notée pour les pronoms (n° 51), se retrouve aussi dans l'emploi de certains verbes, tels que བགྱིད་པར bgyid par, ou son synonyme མཛད་པར mdsad par «faire», au lieu du verbe ordinaire བྱེད་པར byed par «faire» (n° 84). Elle existe aussi pour un grand nombre de substantifs, tels que ཡབ yab «père», ཡུམ youm «mère», etc. au lieu de ཕ pha «père», མ ma «mère» (voy. Append. n° III).

3° འདུག *hdoug* « être, s'asseoir ». Exemples : སུ་འདུག *sou hdoug* « qui est-ce ? » ; འདུག *hdoug* « asseyez-vous ».

4° བཞུགས *bjougs* « être, être assis avec dignité, se trouver » : རྒྱལ་པོ་ག་ན་བཞུགས *rgyal po ga na bjougs* « où est le roi ? ».

5° ལགས *lags* « être, exister, se trouver » : དེ་ལྟར་ལགས *de ltar lags* « c'est ainsi ».

6° གདའ *gdah* « être, se trouver » : དེ་ན་ཅི་གདའ *de na tchi gdah* « qu'y a-t-il là ? ».

Les trois verbes précédents (4°, 5° et 6°) s'emploient en parlant avec respect ou politesse.

7° མཆིས *mtch'is* « être, exister » : འདི་ན་དུ་མཆིས *hdi na dou mtch'is* « combien y en a-t-il ici ? ».

8° མངའ *mngah* « être ». S'emploie avec les pronoms personnels au datif pour exprimer le verbe *avoir* (comp. 2°), et, dans ce cas, il se joint souvent à ལགས (5°). Exemple : ཁྱོད་ལ་ནད་མི་མངའ *khyod la nad mi mngah* (ou མངའ་ལགས *mngah lags*) « tu n'as pas de maladie, tu n'es pas malade » (littéralement : « une maladie n'est pas à toi, en toi »).

9° མོད *mod* ou མོད་ཀྱི *mod kyi* « être ». Exemple : དེ་ལྟར་མོད *de ltar mod* « cela est ainsi ». En ajoutant ཀྱི, c'est une sorte de génitif absolu : « cela étant ainsi ».

10° མཚལ *hts'al* « être, faire, demander, désirer » : ང་ནི་ཞུ་མཚལ *nga ni jou hts'al* « je fais la demande, je demande ». Ce verbe s'emploie aussi pour affirmer, au lieu de répéter le verbe qui fait le sujet de l'interrogation. EXEMPLE : ཤེས་སམ་ *ches sam* «savez-vous? connaissez-vous?». — འཚལ་ལོ་ *hts'al lo* «oui», au lieu de ཤེས་སོ་ *ches so* «je sais».

11.° གནས་ *gnas* «être, demeurer» : མི་གནས་ *mi gnas* «n'est pas, ne demeure pas».

12° སྣང་ *snang* «être clair, évident, à l'état de» : ཁོ་ཀློག་གིན་སྣང་ *kho klog gin snang* «il lit».

13° བཞིན་ *bjin* «être à l'état de, occupé à» : ཁྱོད་སྨྲ་བཞིན་པ་ *khyod smra bjin pa* «tu parles, tu es parlant; quand tu parles».

Employés comme on vient de le voir, les verbes qui précèdent sont invariables à toutes les personnes des deux nombres; mais, quand ils sont pris dans leur sens propre, leurs temps se forment de la manière ordinaire.

Ces mêmes verbes s'emploient souvent en redoublant leur lettre finale avec la particule ཧོ (n° 11). EXEMPLES : དེ་ལྟར་ལགས་སོ་ *de ltar lags so* «cela est ainsi»; ང་ཡིན་ནོ་ *nga yin no* ou ཡོད་དོ་ *yod do* «je suis»; མི་དགའ་ཡང་གནས་སོ་ *mi dgah yang gnas so* «il ne reste pas même un homme».

La particule ཧོ *ho*, seule ou ajoutée à la consonne finale répétée du mot qui précède, peut exprimer le verbe *être* avec toutes sortes de noms. EXEMPLES : ངཧོ *ngaho* «c'est moi»; མད་དོ་ *mad do* «c'est vrai»; གསུམ་མོ་ *gsoum mo* «il y en a trois»; ཤིང་ངོ་ *ching go* «c'est un arbre»; ནག་གོ་ *nag go* «c'est noir»; དེ་ལྟར་རོ་ *de ltar ro* «cela est ainsi».

79. CONJUGAISON DU VERBE SUBSTANTIF ཡིན་པར་ *YIN PAR* « ÊTRE ».

INDICATIF PRÉSENT.

ང་ཡིན་ *nga yin* « je suis »,

ཁྱོད་ཡིན་ *khyod yin* « tu es »,

ཁོ་ཡིན་ *kho yin* « il ou elle est »,

ང་རྣམས་ཡིན་ *nga rnams yin* « nous sommes »,

ཁྱོད་རྣམས་ཡིན་ *khyod rnams yin* « vous êtes »,

ཁོ་རྣམས་ཡིན་ *kho rnams yin* « ils ou elles sont ».

IMPARFAIT.

ང་འདུག་པ་ *nga hdoug pa* « j'étais », etc.

ང་ཚག་འདུག་པ་ *nga tchag hdoug pa* « nous étions », etc.

PARFAIT.

ང་ཡོད་པ་ཡིན་ *nga yod pa yin* (vulgairement : *nga yod pin*) « j'ai été », etc.

ང་ཚག་ཡོད་པ་ཡིན་ *nga tchag yod pa yin* « nous avons été », etc.

PLUS-QUE-PARFAIT.

ང་ཡོད་པ་ཡིན་པ་ *nga yod pa yin pa* ou ང་ཡོད་འདུག་པ་ *nga yod hdoug pa* « j'avais été », etc.

ང་ཚག་ཡོད་པ་ཡིན་པ་ *nga tchag yod pa yin pa* « nous avions été », etc.

PREMIER FUTUR.

ང་འགྱུར་བར་འགྱུར་རོ་ *nga hgyour var hgyour ro*, ou ང་

འགྱུར་རོ *nga hgyour ro*, ou ང་འགྱུར *nga hgyour* « je serai », etc.

ང་ཚག་འགྱུར *nga tchag hgyour* ou ང་ཚག་འགྱུར་རོ *nga tchag hgyour ro* « nous serons », etc.

DEUXIÈME FUTUR.

ང་ཡིན་པར་འགྱུར་རོ *nga yin par hgyour ro* ou ཡིན་པར་འགྱུར *yin par hgyour* « j'aurai été », etc.

ང་ཚག་ཡིན་པར་འགྱུར་རོ *nga tchag yin par hgyour ro* ou ཡིན་པར་འགྱུར *yin par hgyour* « nous aurons été », etc.

IMPÉRATIF.

ང་གྱུར་ཅིག *nga gyour tchig* « que je sois », etc.

ཁྱོད་གྱུར་ཅིག *khyod gyour tchig* « sois », etc.

ང་ཚག་གྱུར་ཅིག *nga tchag gyour tchig* « soyons », etc.

POTENTIEL OU SUBJONCTIF.

ང་ཡིན་པར་ནུས་སོ *nga yin par nous so* ou ནུས *nous* « que je sois; puissé-je être », etc.

ང་ཚག་ཡིན་པར་ནུས *nga tchag yin par nous* ou ནུས་སོ *nous so* « que nous soyons; puissions-nous être », etc.

On dit aussi :

ང་ཡིན་ཆོག *nga yin tch'og*, ང་རོ་ཐོག་གོ *nga rngo thog go* ou ང་རོ་ཕོད་དོ *nga rngo phod do* « puissé-je être; que je sois capable de... », etc.

DES VERBES.

PRÉCATIF.

ང་ཡིན་པར་ཆོག་ *nga yin par chog* ou ང་འགྱུར་བར་ཆོག་ *nga hgyour var chog* « que je sois; que je devienne », etc.

ང་ཚག་ཡིན་པར་ཆོག་ *nga tchag yin par chog* « que nous soyons; que nous devenions », etc.

CONDITIONNEL PRÉSENT.

ང་ཡིན་ན་ *nga yin na* « je serais, si j'étais », etc.

ང་ཚག་ཡིན་ན་ *nga tchag yin na* « nous serions », etc.

CONDITIONNELS PASSÉS.

ང་ཡིན་པར་གྱུར་ན་ *nga yin par gyour na* « j'aurais été, si j'avais été », etc.

ང་ཚག་ཡིན་པར་གྱུར་ན་ *nga tchag yin par gyour na* « nous aurions été », etc.

ང་ཡིན་པར་གྱུར་པ་ན་ *nga yin par gyour pa na* « eussé-je été, si j'eusse été », etc.

INFINITIF PRÉSENT.

ཡིན་པར་ *yin par* « être ».

INFINITIF PASSÉ.

ཡོད་པ་ཡིན་པར་ *yod pa yin par* « avoir été ».

PARTICIPE PRÉSENT.

ཡིན་པ་ *yin pa* « étant ».

PARTICIPE PASSÉ.

ཡོད་པ་ *yod pa* « été ».

PARTICIPE PASSÉ COMPOSÉ.

ཡོད་པ་ཡིན་པ, *yod pa yin pa* « ayant été ».

NOTE.

Du présent de l'indicatif, en le faisant précéder de གལ་ཏེ *gal te* « si », et suivre de ན *na*, on forme un autre conditionnel. EXEMPLE : གལ་ཏེ་ང་ཡིན་ན *gal te nga yin na* « si j'étais », etc.

Du parfait se forme de même : གལ་ཏེ་ང་ཡོད་པ་ཡིན་ན *gal te nga yod pa yin na* « si j'ai été », etc.

Du plus-que-parfait : གལ་ཏེ་ང་ཡོད་པ་ཡིན་པ་ན *gal te nga yod pa yin pa na* « si j'avais été », etc.

Du premier futur : གལ་ཏེ་ང་འགྱུར་བར་འགྱུར *gal te nga hgyour var hgyour* ou འགྱུར་རོ *hgyour ro* « si je suis » (littéralement : « si je serai »), etc.

Du second futur : གལ་ཏེ་ང་ཡིན་པར་འགྱུར་ན *gal te nga yin par hgyour na* « si j'ai été, quand j'aurai été » (littéralement : « si j'aurai été »), etc.

80. CONJUGAISON DU VERBE ཡོད་པར *YOD PAR* « ÊTRE »,

joint aux pronoms personnels au datif pour exprimer le verbe *avoir*.

INDICATIF PRÉSENT.

ང་ལ་ཡོད *nga la yod* « est à moi, j'ai »,

ཁྱོད་ལ་ཡོད *khyod la yod* « est à toi, tu as »,

ཁོ་ལ་ཡོད *kho la yod* « est à lui ou à elle, il ou elle a »,

ང་ཚག་ལ་ཡོད་ *nga tchag la yod* « est à nous, nous avons »,
ཁྱོད་ཚག་ལ་ཡོད་ *khyod tchag la yod* « est à vous, vous avez »,
ཁོ་ཚག་ལ་ཡོད་ *kho tchag la yod* « est à eux ou à elles, ils ou elles ont ».

IMPARFAIT.

ང་ལ་ཡོད་པ་ *nga la yod pa* ou ང་ལ་འདུག་པ་ *nga la hdoug pa* « était à moi, j'avais », etc.

PARFAIT.

ང་ལ་ཡོད་པ་ཡིན་ *nga la yod pa yin* « a été à moi, j'ai eu », etc.

PLUS-QUE-PARFAIT.

ང་ལ་ཡོད་པ་ཡིན་པ་ *nga la yod pa yin pa* « avait été à moi, j'avais eu », etc.

FUTUR.

ང་ལ་ཡོད་པར་འགྱུར་ *nga la yod par hgyour* ou ང་ལ་ཡོད་འགྱུར་ *nga la yod hgyour* « sera à moi, j'aurai », etc.

IMPÉRATIF.

ང་ལ་ཡོད་ཅིག་ *nga la yod tchig* ou ང་ལ་ཡོད་པར་གྱུར་ཅིག་ *nga la yod par gyour tchig* « que j'aie », etc.

SUBJONCTIF OU POTENTIEL.

ང་ལ་ཡོད་ཆོག་ *nga la yod tch'og* ou ང་ལ་ཡོད་རུང་ *nga la yod roung* « que j'aie ; puissé-je avoir », etc.

IMPARFAIT.

ང་ལ་ཡོད་པར་འགྱུར་ན་ *nga la yod par hgyour na* « eussé-je », etc.

PARFAIT.

ང་ལ་ཡོད་པར་གྱུར *nga la yod par gyour* « eussé-je eu, que j'aie eu », etc.

PLUS-QUE-PARFAIT.

ང་ལ་ཡོད་པར་འགྱུར་པ *nga la yod par hgyour pa* ou འགྱུར་པ་ན *hgyour pa na* « que j'eusse eu; puissé-je avoir eu », etc.

CONDITIONNEL PRÉSENT.

གལ་ཏེ་ང་ལ་ཡོད *gal te nga la yod* « si j'ai », etc.

CONDITIONNEL IMPARFAIT.

གལ་ཏེ་ང་ལ་ཡོད་ན *gal te nga la yod na* « si j'avais », etc.

CONDITIONNEL PARFAIT.

གལ་ཏེ་ང་ལ་ཡོད་གྱུར་ན *gal te nga la yod gyour na* « si j'ai eu », etc.

CONDITIONNEL PLUS-QUE-PARFAIT.

གལ་ཏེ་ང་ལ་ཡོད་པར་གྱུར་ན *gal te nga la yod par gyour na* « si j'avais eu », etc.

CONDITIONNEL FUTUR.

གལ་ཏེ་ང་ལ་ཡོད་པར་འགྱུར་ན *gal te nga la yod par hgyour na* « si je viens à avoir » (littéralement : « si à moi serait »), « si j'avais », etc.

INFINITIF PRÉSENT.

སུ་ཞིག་ལ་ཡོད་པར *sou jig la yod par* « être à quelqu'un, avoir ».

DES VERBES.

INFINITIF PASSÉ.

སུ་ཞིག་ལ་ཡོད་པ་ཡིན་པར་ *sou jig la yod pa yin par* « avoir été à... ».

PARTICIPE PRÉSENT.

སུ་ཞིག་ལ་ཡོད་ *sou jig la yod* « étant à quelqu'un, ayant ».

PARTICIPE PASSÉ.

སུ་ཞིག་ལ་ཡོད་པ་ *sou jig la yod pa* « été à..., eu ».

PARTICIPE PASSÉ COMPOSÉ.

སུ་ཞིག་ལ་ཡོད་པ་ཡིན་པ་ *sou jig la yod pa yin pa* « ayant été à..., ayant eu ».

La locution française *il y a* s'exprime par ཡོད་དེ་ *yod de*. EXEMPLE : ཡོད་དེ་རྒྱལ་པོའི་བུ་མོ་ *yod de rgyal pohi bou mo* « il y a une fille du roi ».

81. Les verbes restant invariables à toutes les personnes des deux nombres qui ne se distinguent qu'à l'aide des pronoms, il suffira de donner la première personne de chaque temps.

CONJUGAISON DU VERBE འགྲོ་ *HGRO* « ALLER ».

INDICATIF PRÉSENT.

འགྲོ་ *hgro* « (je) vais, (tu) vas, (il ou elle) va », etc.

IMPARFAIT.

འགྲོ་འདུག་པ་ *hgro hdoug pa* « (j')allais », etc.

PARFAIT.

སོང་ [1] *song* « (j')allai », etc.

PLUS-QUE-PARFAIT.

སོང་འདུག་པ་ *song hdoug pa* « (j')étais allé », etc.

FUTUR.

འགྲོ་བྱ་ *hgro bya*, ou འགྲོ་རྒྱུ་ *hgro rgyou*, ou འགྲོ་བར་འགྱུར་རོ་ *hgro var hgyour ro* « (j')irai », etc.

CONDITIONNEL PRÉSENT.

འགྲོ་ན་ *hgro na* « (j')irais, si j'allais », etc.

CONDITIONNEL PASSÉ.

སོང་ན་ *song na* « si (j')étais allé », etc.

CONDITIONNEL FUTUR.

སོང་བར་འགྱུར་ན་ *song var hgyour na* « si (j')étais allé, quand (je) serais allé », etc.

INFINITIF PRÉSENT.

འགྲོ་བར་ *hgro var* « aller ».

INFINITIF FUTUR, SUPIN OU GÉRONDIF.

འགྲོ་རུ་ *hgró rou* ou འགྲོར་ *hgror* « pour aller, devant aller ».

PARTICIPE PRÉSENT.

འགྲོ་བ་ *hgro va* « allant ».

---

[1] Au lieu de འགྲོས་ *hgros*, qui a vieilli comme temps passé et participe, mais qui est resté comme substantif signifiant « port, démarche ».

DES VERBES.

PARTICIPE PASSÉ.

སོང་བ་ *song va* « allé ».

PARTICIPE PASSÉ COMPOSÉ.

སོང་ཞིང་ *song jing*, སོང་ནས་ *song nas*, སོང་བས་ *song vas*, སོང་སྟེ་ *song sté*, སོང་གིས་ *song gis*, སོང་ལ་ *song la* « étant allé ».

PARTICIPE FUTUR.

འགྲོ་བྱ་ *hgro bya*, འགྲོ་རྒྱུ་ *hgro rgyou*, འགྲོ་བར་བྱ་བ་ *hgro var bya va* « à aller, devant aller » (*iturus*).

82. Les verbes བྱེད་ *byed* « faire » et འགྱུར་ *hgyour* « devenir, changer » étant souvent employés comme auxiliaires, voici leur conjugaison :

CONJUGAISON DU VERBE བྱེད་ BYED « FAIRE ».

INDICATIF PRÉSENT.

བྱེད་ *byed* ou བྱེད་དོ་ *byed do* « (je) fais », etc.

IMPARFAIT.

བྱེད་འདུག་པ་ *byed hdoug pa* « (je) faisais », etc.

PARFAIT.

བྱས་ *byas*, ou བྱས་པ་ *byas pa*, ou བྱས་སོ་ *byas so* « (je) fis », etc.

PARFAIT COMPOSÉ.

བྱས་པ་ཡིན་ *byas pa yin* « (j')ai fait », etc.

PLUS-QUE-PARFAIT.

བྱས་འདུག་པ་ *byas hdoug pa* ou བྱས་པ་ཡིན་པ་ *byas pa yin pa* « (j')avais fait », etc.

FUTUR.

བྱ་ *bya*, ou བྱའོ་ *byaho*, ou བྱེད་པར་འགྱུར་ *byed par hgyour* « (je) ferai, (je) suis devant faire », etc.

IMPÉRATIF.

བྱོས་ *byos* ou བྱོས་ཤིག་ *byos chig* « fais », etc.

HORTATIF.

བྱོས་ཤིག་ *byos chig* « fais », etc.

PRÉCATIF.

བྱེད་པར་ཆོག་ *byed par chog* « puisses-tu faire », etc.

OPTATIF.

བྱེད་པར་གྱུར་ཅིག་ *byed par gyour tchig* « qu'il puisse faire », etc.

CONDITIONNEL PRÉSENT.

བྱེད་ན་ *byed na* « si (je) faisais », etc.

CONDITIONNEL PASSÉ.

བྱས་ན་ *byas na* « si (j')avais fait », etc.

CONDITIONNEL FUTUR.

བྱས་པར་འགྱུར་ན་ *byas par hgyour na* « eussé-(je) fait, si (j')avais fait » (littéralement : « si (j')aurais fait »), etc.

INFINITIF PRÉSENT.

བྱེད་པར་ *byed par* « faire ».

INFINITIF FUTUR, SUPIN OU GÉRONDIF.

བྱེད་དུ་ *byed dou,* བྱ་རུ་ *bya rou,* བྱར་ *byar* « à faire, pour faire ».

On dit aussi :

བྱེད་པའི་ཕྱིར་ *byed pahi phyir,* བྱེད་པའི་དོན་དུ་ *byed pahi don dou,* ou བྱ་བའི་ཕྱིར་ *bya vahi phyir,* བྱ་བའི་སླད་དུ་ *bya vahi slad dou* « afin de faire ».

PARTICIPE PRÉSENT.

བྱེད་པ་ *byed pa* « faisant ».

PARTICIPE PASSÉ.

བྱས་པ་ *byas pa* « fait ».

PARTICIPE FUTUR.

བྱ་བ་ *bya va,* ou བྱ་ *bya,* ou བྱེད་རྒྱུ་ *byed rgyou* « à faire » (*facturus, faciendus*).

83. CONJUGAISON DU VERBE འགྱུར་ *HGYOUR* « DEVENIR ».

INDICATIF PRÉSENT.

འགྱུར་ *hgyour* ou འགྱུར་རོ་ *hgyour ro* « (je) deviens », etc.

IMPARFAIT.

འགྱུར་འདུག་པ་ *hgyour hdoug pa* « (je) devenais », etc.

PARFAIT.

གྱུར་ *gyour,* གྱུར་པ་ *gyour pa,* གྱུར་ཏོ་ *gyour to,* གྱུར་ཟིན་ *gyour zin* « (je) devins », etc.

PARFAIT COMPOSÉ.

གྱུར་པ་ཡིན་ *gyour pa yin* « (je) suis devenu », etc.

PLUS-QUE-PARFAIT.

གྱུར་འདུག་པ་ *gyour hdoug pa* ou གྱུར་པ་ཡིན་པ་ *gyour pa yin pa* « (j')étais devenu », etc.

FUTUR.

འགྱུར་བར་འགྱུར་རོ་ *hgyour var hgyour ro* « (je) deviendrai », etc.

IMPÉRATIF.

གྱུར་ *gyour* ou གྱུར་ཅིག་ *gyour tchig* « deviens », etc.

HORTATIF.

གྱུར་ཅིག་ *gyour tchig* « deviens », etc.

PRÉCATIF.

འགྱུར་བར་ཤོག་ *hgyour var chog* « qu'il devienne », etc.

OPTATIF.

འགྱུར་བར་གྱུར་ཅིག་ *hgyour var gyour tchig* « qu'il devienne », etc.

CONDITIONNEL PRÉSENT.

འགྱུར་ན་ *hgyour na* « (je) deviendrais », etc.

CONDITIONNEL PASSÉ.

གྱུར་ན་ *gyour na* « (je) serais devenu », etc.

CONDITIONNEL FUTUR.

གྱུར་བར་འགྱུར་ན་ *gyour var hgyour na* « si (j')étais devenu », etc.

DES VERBES.

INFINITIF PRÉSENT.

འགྱུར་བར་ *hgyour var* « devenir ».

INFINITIF FUTUR, SUPIN OU GÉRONDIF.

འགྱུར་དུ་ *hgyour dou,* འགྱུར་བའི་ཕྱིར་ *hgyour vahi phyir,* འགྱུར་བའི་དོན་དུ་ *hgyour vahi don dou* « à devenir, pour devenir », etc.

PARTICIPE PRÉSENT.

འགྱུར་བ་ *hgyour ba* « devenant ».

PARTICIPE PASSÉ.

གྱུར་པ་ *gyour pa* « devenu ».

PARTICIPE FUTUR.

འགྱུར་བྱ་ *hgyour bya* ou འགྱུར་རྒྱུ་ *hgyour rgyou* « devant devenir ».

84. Au lieu du verbe བྱེད་ *byed* « faire », on emploie, quand on parle avec respect, le verbe བགྱིད་ *bgyid* « faire », qui n'a que les temps suivants :

INDICATIF PRÉSENT.

བགྱིད་ *bgyid*.

PRÉTÉRIT.

བགྱིས་ *bgyis*.

FUTUR.

བགྱི་ *bgyi*.

IMPÉRATIF.

གྱིས་ *gyis* ou གྱིས་ཤིག་ *gyis chig*.

On se sert aussi avec respect de མཛད་ *mdsad* «faire», qui n'a que les temps suivants :

INDICATIF PRÉSENT.

མཛད་ *mdsad.*

PRÉTÉRIT.

མཛད་ཟིན་ *mdsad zin.*

IMPÉRATIF.

མཛོད་ *mdsod.*

PARTICIPE FUTUR.

མཛད་བྱ་ *mdsad bya.*

Ces deux verbes sont souvent ajoutés aux verbes ordinaires pour en faire des expressions respectueuses et plus significatives, comme : འབྲི་བར་མཛད་པ་ *hbri var mdsad pa* ou བགྱིད་པ་ *bgyid pa* «écrire», au lieu de འབྲི་བར་བྱེད་པ་ *hbri var byed pa*; གནང་བར་མཛད་པ་ *gnang var mdsad pa* «permettre, accorder», au lieu de གནང་བ་ *gnang va.*

PARTICIPES.

85. Les participes présents, passés et futurs appartiennent à la classe des noms et des adjectifs. Employés comme verbes, ils servent à exprimer le présent, le passé et le futur, comme : སྨྲ་ *smra* «il parle»; སྨྲས་ *smras* «il parla»; སྨྲ་བྱ་ *smra bya* «il parlera». Employés comme noms, ils peuvent avoir plusieurs sens. EXEMPLES : སྨྲ་བ་ *smra va* «disant», ou «l'action de dire»; སྨྲས་པ་ *smras pa*

«chose dite», ou «celui qui a dit»; སྨྲ་བྱ་ *smra bya* «devant parler», ou «celui qui parlera, chose à dire».

Les participes présents et passés, devant un substantif, se mettent au génitif comme les adjectifs (n° 30). EXEMPLES : ལས་བྱེད་པའི་མི་ *las byed pahi mi* «un homme qui fait de l'ouvrage, un ouvrier»; མང་པོ་སྨྲ་བའི་མི་ *mang po smra vahi mi* «un homme qui parle beaucoup».

REMARQUES SUR LES VERBES.

86. Les verbes actifs et passifs terminés par བྱེད་ *byed* ou བྱེད་དོ་ *byed do* (n° 70, 3°) ne peuvent être distingués que par l'instrumental ou le nominatif placés avant eux. EXEMPLES : ངས་ཁྱོད་རྡུང་བར་བྱེད་དོ་ *ngas khyod rdoung bar byed do* «tu es battu par moi» ou «je te bats»; ང་རྡུང་བར་བྱེད་དོ་ *nga rdoung bar byed do* «je suis battu».

87. Le verbe causal est formé avec le verbe actif, en ajoutant à l'infinitif ou au gérondif de ce dernier le verbe འཇུག་པར་ *hdjoug par* «causer, faire», à ses divers temps. EXEMPLE : འཁྱེར་དུ་འཇུག་པར་ *hkhyer dou hdjoug par* «faire porter».

Quelquefois le signe du gérondif est supprimé, et l'on dit : འཁྱེར་འཇུག་པར་ *hkhyer hdjoug par*.

Quand on parle avec respect, on emploie le verbe སྩོལ་ *stsol*. EXEMPLE : སློབ་ཏུ་སྩོལ་ཅིག་ *slob tou stsol tchig* «faites instruire, veuillez faire instruire».

88. Les verbes fréquentatifs s'expriment en répétant la racine. EXEMPLES : བྱེད་བྱེད་པར་ *byed byed par* «faire souvent»; འགྲོ་འགྲོ་བར་ *hgro hgro var* «aller souvent, marcher longtemps».

DES ADVERBES.

89. Il y a en tibétain un grand nombre d'adverbes simples et composés. Plusieurs sont formés en mettant un nom, un pronom ou un adjectif au locatif, à l'instrumental ou à l'ablatif. Voici les plus usités :

ADVERBES DE TEMPS.

ནམ་ «quand?»,

གང་ཚེ་ ou གང་དུས་ «en quel temps?»,

འདི་ཚེ་ ou འདི་དུས་ «en ce temps-ci»,

དེ་ཚེ་ ou དེ་དུས་ «en ce temps-là»,

དེ་ནས་ «ensuite, alors»,

སྔོན་ «autrefois»,

རྒྱུན་དུ་, རྟག་དུ་, གཏན་དུ་ «continuellement, sans cesse»,

ཙ་རེ་, ཙར་, ཙན་ཆེར་ «toujours»,

ནམ་ཡང་ «jamais» (*unquam*),

ད་དུང་ «encore»,

ཐོག་མར་ «d'abord»,

མཐའ་མར་ «enfin»,

གསར་དུ་ «nouvellement, récemment»,

མ་ཐག་ཏུ་ «incontinent, aussitôt»,

DES ADVERBES.

གློ་བུར་དུ ou བློ་བུར་དུ « soudain, récemment »,

དུས་དུས་སུ « de temps en temps, quelquefois »,

བར་དུ « dans l'intervalle »,

རེ་ཞིག « un instant, un moment »,

དེང ou དེར « en ce moment, maintenant »,

ད ou ད་ལྟ « à présent, désormais »,

མདང ou མདངས « hier »,

དེ་རིང « aujourd'hui »,

སང « demain »,

གནངས « après-demain »,

ནང་མོ ou ནང་མོ་ལ « le matin »,

ཉིན, ཉིན་མོ, ཉིན་མོ་ལ, ཉིན་པར « le jour, pendant le jour »,

དགབ, དགབ་མོ, དགབ་མོ་ལ « le soir »,

མཚན, མཚན་མོ, མཚན་མོ་ལ « la nuit, pendant la nuit ».

ADVERBES DE LIEU.

གང་དུ, གང་ན, ག་ན, ག་ཏུ, གར « où, en quel lieu ? »,

འདི་ན, འདི་རུ, འདིར « ici »,

དེ་ན, དེ་རུ, དེར « là »,

གང་ནས, ག་ནས « d'où »,

འདི་ནས « d'ici »,

དེ་ནས « de là »,

ནང་ན, ནང་དུ « dans, au dedans »,

ཕྱི་རོལ་དུ, ཕྱི་རོལ་ན, ཕྱིར « hors, en dehors »,

མདུན་དུ, མདུན་ལ « en avant, devant »,

རྒྱབ་ཏུ་ « en arrière »,

འོག་ཏུ་, འོག་ན་ « en dessous, au-dessous »,

སྟེང་ན་, སྟེང་དུ་, གོང་ན་, གོང་དུ་, གྱེན་དུ་, བླ་ན་, བླར་ « sur, au-dessus »,

སྟེང་ནས་, གོང་ནས་, བླ་ནས་ « de dessus »,

ཉེ་, ཉེ་མོ་, ཉེ་མོར་ « près, auprès »,

ཉེ་མོ་ནས་ « de près »,

ཐག་རིང་, ཐག་རིང་ན་ « loin, au loin »,

ཐག་རིང་ནས་ « de loin »,

ཀུན་ཏུ་ « partout ».

ADVERBES DE MANIÈRE.

ཅི་ཙུག་, ཅི་ལྟར་ « comment, de quelle manière? »,

འདི་ཙུག་, འདི་ལྟར་ « de cette manière-ci »,

དེ་ཙུག་, དེ་ལྟར་ « de cette manière-là »,

ཅེས་, ཞེས་, ཤེས་[1] « ainsi »,

ཕ་མལ་པར་ « vulgairement »,

རིམ་གྱིས་ « graduellement »,

ཕལ་མོ་ཆེར་, ཕལ་ཆེར་ « pour la plupart »,

མྱུར་དུ་, འཕྱུར་ « vite, promptement »,

དལ་བར་, དལ་བུས་ « lentement, doucement »,

རབ་ཏུ་ « éminemment »,

---

[1] Pour l'emploi de ces particules, eu égard à la lettre qui les précède, comparez n° 12.

DES ADVERBES.

ཁྱད་པར་ « spécialement »,

ཤིན་ཏུ་ « très »,

ཀུན་ཏུ་ « totalement, entièrement »,

གཙོག་ཏུ་ « principalement »,

ཡོངས་སུ་ « complétement »,

མངོན་པར་ « évidemment »,

རན་པར་ « mal »,

ལེགས་པར་ « bien »,

སྔོན་, སྔོན་ལ་, སྔོན་དུ་ « avant »,

རྗེས་སུ་ « après, ensuite »,

ཕྱིས་ « après »,

གཅིག་ཅར་ « à la fois »,

ལྷན་ཅིག་ཏུ་, ཐབས་གཅིག་ཏུ་ « ensemble »,

སོ་སོར་ « séparément »,

སླར་ « de nouveau »,

ཡང་ « encore »,

ཡང་ཡང་ « souvent, plusieurs fois »,

རེས་པར་ « certainement »,

གཞན་དུ་ « autrement »,

གདོན་མི་ཟ་བར་, མི་ཚོམ་མི་ཟ་བར་ « sans doute, indubitablement »,

བར་དུ་ « au milieu de, entre ; jusques et y compris ».

ADVERBES DE QUANTITÉ.

དུ་, ཙམ་, ཇི་ཙམ་ « combien ? »,

ཙམ་ « environ, autant que »,

འདི་ཙམ་ « autant que ceci »,

དེ་ཙམ་ « autant que cela »,

བཅུ་ཙམ་ « environ dix »,

ལྷག་པར, ཆེས་ « davantage, plus »,

མང་དུ, མང་ « beaucoup, en grand nombre »,

ཅུང་ཟད, ཆུང་ཟད, ཉུང་ཟད་ « un peu »,

ཉུང, ཉུང་དུ་ « peu, en petit nombre, moins »,

ཕྱེད་ « à moitié »,

ཧ་ཅང་ « trop »,

ཚད, ཚོག ou ཚོག་ཚོག་ « assez ».

ADVERBES DE NÉGATION.

མ, མི་ « non, ne, sans »,

མེད, མིན་ « il n'y a pas, n'est pas, sans ».

DES CONJONCTIONS.

90. Les conjonctions qui se présentent le plus souvent sont les suivantes :

དང་ « et »,

ཀྱང་[1], འང་[2], ཡང་[3] « et, aussi, encore, quoique, non-obstant »,

---

[1] S'emploie après ག, ད, བ, ས.

[2] S'emploie après ང, ན, མ, འ, ར, ལ et toutes les voyelles.

[3] S'emploie après les voyelles. (Comp. n° 24, rem.)

ཡང་ན་ « ou, ou bien »,

དེ་བས་ན་, དེས་ན་, དེ་ལྟ་བས་ན་, དེ་ལྟ་ན་ « donc, par conséquent; cela étant ainsi »,

འམ་ « ou; est-ce que? » (voy. n° 10),

ཨེ་, signe d'interrogation. Exemple : ཨེ་སྨྲ་ « parlez-vous? voulez-vous parler? »,

འོ་ན་, འོ་ན་ནི་, འོ་ན་ཡང་ « par conséquent, toutefois, néanmoins »,

འོན་ཀྱང་, འོན་ཏང་, འོན་དང་ « quoique, bien que, nonobstant »,

མོད་ཀྱང་, མད་ཀྱང་ « quoique, bien que »,

མོད་ཀྱང་...དུ་དུང་ « quoique... cependant »,

ད་དུང་ « encore, en outre, cependant »,

འོན་ཏེ་, འོན་ཏེ་ན་, གལ་ཏེ་, གལ་ཏེ་ན་ « si, mais si »,

རྗེ་སྟེ་, དེ་སྟེ་ « si »,

ཐ་ན་ « enfin, même »,

དེར་མ་ཟད་ « non, même, de plus, en outre »,

ཅེ་ན་, ཞེ་ན་, ཤེ་ན་ « je prie; pour, parce que ».

DES INTERJECTIONS.

91. ༀ interjection mystique désignant la personne du Bouddha ou de toute autre divinité,

ཨཿ interjection mystique désignant la doctrine du Bouddha,

ཧཱུྃ interjection désignant la miséricorde du Bouddha.

Les trois interjections qui précèdent sont empruntées au sanscrit.

གྱེ, གྱེ་གྱེ, གྱེ་ཧོ, གུ, གུའི, གུཡེ, ཧེ, ཧེ་ཧེ, ཧུ, ཧུ་ཨེ, དབག, དབག་ཨི, ཡཨོ, ཧོ་རེ, ཧོ་རེ་ཚོ; ཨ་ཨེ, particules du vocatif : « ô! holà! », etc.

ཨ་རེ[1] « oh! oui! certes! ».

གྱེ་མ, གྱེ་ཧུད, གྱེ་ཧུད, ཧོ་དད, ཧུ་ཧུ expriment le chagrin : « ah! hélas! oh! ».

ཨེ་མ, ཨེ་མཨོ, ཨེ་མ་ཧོ, ཨ་ཧོ, ཨ་ཧོ་ཨ་ཧོ expriment l'admiration.

ཨ་ལ་ལ, ཨ་ལ་ལ་ཧོ expriment l'étonnement.

ཨ་ལ་ལ་ཨ་ལ་ལ exprime une grande joie, un grand bonheur.

ཧུ་ཧུ exprime la joie et l'admiration.

ཨ་ཨ, ཨེ་ཨེ, ཡ་ཡ indiquent qu'on se souvient : « ah, oui! ».

ཨ་ཧོ, རིགས་སོ, བསྟུད་དོ, ལེགས་སོ, ལེགས་སོ་ལེགས་སོ, ཨིན་དོ,

---

[1] Cette particule est mise par Csoma parmi celles qui indiquent le vocatif, et c'est en effet, d'après Wilson, le sens du mot sanscrit अरे *arê*, dont elle n'est que la transcription. Mais, en se naturalisant en tibétain, la particule ཨ་རེ semble avoir un peu changé de sens en même temps qu'elle a été soumise à la règle qui régit les particules ནས et ར (voy. n°ˢ 10 et 11), c'est-à-dire qu'elle prend, en la doublant, la lettre du mot qui la précède, et un ཏ après les prétérits

DES INTERJECTIONS.

རེས་སོ, བདེན་ནོ, མད་དོ; དེ་བཞིན་ནོ, དེ་དེ་བཞིན་ནོ, toutes ces interjections indiquent l'approbation : «bien! très-bien! c'est bien, c'est bien! c'est cela! c'est bien cela! c'est la vérité!».

ཨ་ཁ, ཨ་ཁ་ཁ ou འ་ཁ, འ་ཁ་ཁ expriment le déplaisir, la désapprobation».

དགའ་ཨོ, ཨཨོ, འབར་རེ, དགོས་སེ[1], ལུ་ལུ expriment la bienveillance, l'affection.

ཨ་ཏུ་ཏུ, ཏུ་ཏུ་བ, ཏུ་ཏུ་བ expriment la peine.

ཨ་ན, ཨ་ན་ན, ཨ་ར, ཨ་ར་ར expriment le chagrin, l'inquiétude.

ཨ་ཁྲུ, ཨ་ཁྲུ་ཁྲུ expriment la souffrance causée par le froid.

ཨ་ཚ, ཨ་ཚ་ཚ expriment la souffrance causée par le chaud.

ཨ་ཙོ, ཨ་ཙོ་ཙོ expriment la crainte, l'effroi, l'horreur.

---

en ར et en ལ. EXEMPLES : དན་འགྲོར་མ་མཆིས་ས་རེ *ngan hgror ma mtch'is sa rê* «Qu'ils n'aillent pas dans la mauvaise voie!» (*Lotus de la bonne loi*, chap. XIV, st. 54.) — འདི་ནི་ཤོར་ཏ་རེ *hdi ni chor ta rê* «Il s'échapperait, oh, oui!» (*Lalita vistara*, chap. XV, texte tibétain, édition de Paris, p. 177.)

[1] རེ et སེ semblent ici une modification de la particule ཨེ. (Comparez l'emploi de འམ, ཨོ, et de ཨ་རེ, nᵒˢ 10, 11 et 91, en note.)

SYNTAXE.

92. La construction de la langue tibétaine diffère complétement de celle des langues d'Europe, et souvent une phrase tibétaine est justement l'inverse d'une phrase française. EXEMPLE : བདག་གིས་མཐོང་བའི་དཔེ་ཞིག་ན་ « dans un livre vu par moi » (littéralement : « moi par vu livre un dans »).

93. Les particules indiquant le genre (n°ˢ 9 et 16) sont tantôt exprimées et tantôt supprimées après le substantif et l'adjectif. EXEMPLES : རྒྱལ་པོ་ཆེན་པོ་ « le grand roi »; རྒྱལ་ཆེན་བཞི་ « les quatre grands rois »; ལུང་པ་ནག་པོ་ ou ལུང་ནག་ « la vallée noire »; ལུང་པ་ནག་པོ་པ་ ou ལུང་ནག་པ་ « un homme de la vallée noire ».

Les particules de genre peuvent également se supprimer dans les énumérations, en même temps que la conjonction དང་. EXEMPLES : རྒྱལ་བློན་, pour རྒྱལ་པོ་དང་བློན་པོ་རྣམས་ « le roi et les ministres »; སྐྱེ་རྒ་ན་འཆི་, pour སྐྱེ་བ་དང་, རྒ་བ་དང་, ན་བ་དང་, འཆི་བའོ་ « ce sont : la naissance, la vieillesse, la maladie et la mort ». (Voy. Append. n° IV, à la fin, *Noms et mots abrégés, etc.*)

C'est surtout quand il y a opposition entre deux termes qu'on supprime le signe du genre. EXEMPLES : རེ་དོགས་, pour རེ་བ་དང་དོགས་པ་ « espoir et crainte »; དགེ་སྡིག་, pour དགེ་བ་དང་སྡིག་པ་ « vertu et vice »; གནམ་ས་, pour གནམ་ག་ (ou ཁ་) དང་

ས་གནད་ «le ciel et la terre»; ཆེ་ཆུང་, pour ཆེ་བ་དང་ཆུང་བ་ «grand et petit»; མཐོ་དམན་, pour མཐོ་བ་དང་དམན་པ་ «haut et bas».

94. Les noms précèdent généralement leurs attributs (voyez le n° 30). Exemples : མི་བཟང་ «l'homme bon»; མི་ངན་ «l'homme méchant»; མི་གཅིག་ «un homme»; མི་གཉིས་ «deux hommes»; མི་གསུམ་ «trois hommes»; མི་གསུམ་པ་ «le troisième homme».

Si le nom est suivi de plusieurs attributs, c'est le dernier qui prend les signes du nombre et du cas. Exemples : མི་མང་པོ་འདི་དག་ «ces hommes nombreux»; རྒྱལ་པོ་ཆེན་པོ་དེ་དག་གིས་ «par ces grands rois».

95. Lorsque plusieurs noms se suivent dans une énumération, il est rare qu'ils prennent plus d'un signe de cas, et alors ce signe se met après le dernier. Exemples : ལྷ་ཀླུ་མི་ལ་སོགས་ཀྱིས་ «par les dieux, les dragons, les hommes et le reste»; རྒྱལ་བློན་འབངས་རྣམས་ཅད་ཀྱི་སྐྱབས་གཅིག་པོ་ «le seul refuge du roi, des ministres et de tous les sujets»; རང་གི་ཕ་མ་ལ་ «à mon père (et à ma) mère».

96. Quand deux substantifs sont joints par le signe du génitif, la particule est généralement exprimée après le dernier nom; mais elle disparaît, ainsi que le signe du génitif, quand ces noms sont contractés pour former un composé, comme :

ཤིང་རྩ་, pour ཤིང་གི་རྩ་བ་ «la racine de l'arbre»;

ཤིང་སྨེད་, pour ཤིང་གི་སྨེད་ « le milieu, le corps de l'arbre »;

ཤིང་རྩེ, pour ཤིང་གི་རྩེ « le sommet de l'arbre »;

ཤིང་སྡོང་, pour ཤིང་གི་སྡོང་ « le tronc de l'arbre »;

ཤིང་ཡལ, pour ཤིང་གི་ཡལ་ག « les branches de l'arbre »;

ཤིང་ལོ, pour ཤིང་གི་ལོ་མ « les feuilles de l'arbre »;

ཤིང་འབས, pour ཤིང་གི་འབས་བུ « les fruits de l'arbre ».

Quelquefois c'est le signe du génitif seul qui disparaît. EXEMPLE : འཇིག་རྟེན་མགོན་པོ, pour འཇིག་རྟེན་གྱི་མགོན་པོ « le protecteur du monde (Bouddha) ».

97. Le nominatif s'emploie quelquefois là où les autres langues se servent du génitif. EXEMPLES : དེ་བཞིན་གཤེགས་པ་དང་བདག་ཅག་ཉེའོ « nous sommes près du Tathâgata » (littéralement : « nous et le Tathâgata sommes proches »); ཁྱེད་བྱང་ཆུབ་དང་རིང་སྟེ « vous êtes loin de l'état de sainteté ».

Il s'emploie aussi à la place du datif. EXEMPLES : ཁྱོད་དང་འདྲ་བ « pareil à toi »; མེ་དང་མཚུངས « semblable, égal au feu ».

L'emploi du nominatif semble amené par la présence de དང་, car le dernier exemple reprend le datif quand la conjonction est omise, et l'on dit bien མེར་མཚུངས « semblable, égal au feu ».

98. L'instrumental s'emploie aussi à la place du génitif. EXEMPLE : བདག་སྲིན་པོས་འཇིགས་པས་མི་དགའ་བ་ཡིན་གྱིས « je suis attristé par la crainte d'un Rakchas » (littéralement : « par la crainte par un Rakchas »); mais cette forme peut s'expliquer plus clairement, en donnant à འཇིགས་པས་ le

sens d'une proposition absolue répondant aux formes sanscrites en ཏྭཱ et en ཡ; et l'on traduira très-bien : « effrayé par un Rakchas, je suis attristé ».

Voici d'autres exemples de l'emploi de l'instrumental : དོན་འདི་བཤད་པས་ཅི་ཞིག་བྱ «Qu'est-il affaire d'exposer ce sujet?». — ཆོས་འདི་བཤད་པས་ཆོག «Cette loi-ci a été suffisamment exposée». — ཆོས་ཀྱིས་རྩོད་པ་དང་ལྟ་བས་རྩོད་པ «Discussion sur (littéralement : « par, à cause de ») la loi et discussion sur les opinions». — སངས་རྒྱས་སྟོང་དུ་སངས་རྒྱས་བཞིས་མ་ཆང་བ «Bouddhas au nombre de mille moins quatre» (littéralement : « incomplets par quatre »).

On trouve quelquefois l'instrumental suivi d'un signe du datif. EXEMPLE : རྙེད་པས་ན « ayant obtenu, après avoir obtenu». (Comp. n° 100, p. 94, l. 16 et suiv.)

99. Le génitif s'emploie quelquefois avec le sens de *pour*. EXEMPLES : དེ་བཞིན་གཤེགས་པའི་སྐྱེས་ནི་འདི་ལྟར་གདུལ་བ་ལས་གཞན་པ་ལྷ་བྱ་མེད་དོ «Pour le Tathâgata, il n'y a pas d'autre présent (qui soit) semblable à celui d'un homme à convertir ». — དེས་རའི་མཆོད་རྟེན་བྱ་མི་དགོས « Il n'a pas besoin de faire des stoûpas pour moi ».

Le génitif indique quelquefois un rapport tout différent de celui qu'il exprime en français. EXEMPLE : དེ་ནི་བུ་ཡི་བྱ་དན་བགྱིད་སེམས་པས «Pour lui, en pensant au chagrin de son fils», c'est-à-dire : « que lui cause son fils».

Cette locution est imitée du sanscrit.

Avec un adjectif indiquant la ressemblance, on peut employer le génitif. (Comparez le latin : *similis patris*.) Exemples : འགྲམ་པ་སེང་གེའི་འདྲ་བ་ « La mâchoire pareille (à celle) du lion ». — རྐྱེན་པ་ཨེ་ན་ཡའི་ལྟོ་བུ་ « La jambe pareille (à celle) de la gazelle Ainêya ».

Le génitif peut s'employer avec certains verbes, lorsque les autres langues mettent l'accusatif. Exemple : འདི་ར་ཡི་མི་ཉན་ཏུ་ « Il ne m'a pas écouté » (littéralement : « il n'a pas écouté de moi »), en sanscrit : *na tcha êva mê sô 'çrinôt*. (Lotus, ch. III.)

Le génitif s'emploie quelquefois pour le datif. Exemples : ཁྱོད་ཀྱི་ཆུང་མར་བྱིན་གྱི་ཟོངས་ཤིག་ « Donnée à toi (littéralement : « de toi ») pour femme, prends-la ». — འདིའི་ནོར་བུ་འདི་བྱོར་ « Que ce joyau soit à lui! » (littéralement : « de lui »).

Dans les exemples suivants, le génitif est employé à peu près comme en français : བདག་ཅག་བཏང་བའི་རིགས་སོ་ « Il convient *de* nous donner ». — རྙེད་དཀའི་འདུ་ཤེས་སྐྱེད་པར་ « Avoir l'idée de la difficulté d'obtenir ». — སྡུག་བསྔལ་གྱི་འདུ་ཤེས་སྐྱེད་པར་ « Avoir l'idée de la souffrance ».

100. Les formes du datif et du locatif, qui sont souvent confondues (n° 21, 4° et 7°), sont d'un usage très-fréquent en tibétain. Les exemples suivants serviront à montrer de quelle manière ces cas sont employés : ང་ནི་བདེན་པར་སྨྲ་བའི་ « Je dis la vérité ». — གཞོན་ནུ་ལ་བུར་བྱིན་པ་ « Présenter un jeune homme comme (son) fils ». — དེའི་ལག་པ་ས་ལ་གར་

རེག་པ་ « Là où sa main touchait la terre », ou exactement comme en français : « touchait à terre ». — ཉན་ཐོས་མ་ཡིན་པར་རིག་པར་བྱའོ་ « Doivent être reconnus comme n'étant pas des Çrâvakas ». On pourrait traduire cette phrase en se servant de l'infinitif : « reconnus pour ne pas être » (མ་ཡིན་པར་), etc. mais l'exemple suivant, dans lequel ཞུགས་པར་ est au participe passé, indique que ces locutions sont des datifs ou des locatifs : ཐེག་པ་ལ་གསར་དུ་ཞུགས་པར་རིག་པར་བྱའོ་ « Doit être regardé comme nouvellement entré dans le véhicule ». — དེ་ནི་རྒྱལ་ཅན་དུ་རིག་པར་བྱའོ་ « Celui-là doit être regardé comme un orgueilleux ». — བྲན་དུ་ཁས་ལེན་པ་ « S'engager comme esclave, à l'état d'esclave ». — གཅིག་བྱར་ ou གཅིག་ཏུ་ཟད་དེ་ « Il n'y en a qu'un seul, se borne à un seul ». — སངས་རྒྱས་སུ་འགྱུར་བོ་ « (Vous) deviendrez (des) Bouddhas ». — ཅིར་འགྱུར་བ་ནི་ « Qu'arrivera-t-il ? ». — དེའི་སོ་སྔོན་པོར་མི་འགྱུར་ « Ses dents ne deviendront pas noires ». — དེའི་ཚེའི་ཚད་ནི་བསྐལ་པ་ཉི་ཤུར་འགྱུར་རོ་ « La durée de sa vie sera de vingt kalpas ». — བདག་ཅག་བྱང་ཆུབ་ཏུ་མངོན་སུམ་དུ་ལུང་བསྟན་པ་ཐོས་ནས་ « Ayant entendu la prophétie claire que nous arriverions à l'état de Bouddhas ». — བྱང་ཆུབ་ཏུ་ལུང་བསྟན་ཅིར་ (littéralement : « Prophétisés vers la sainteté »), c'est-à-dire : « Avertis par une prophétie qu'ils deviendraient saints ».

La particule ལ du datif, après la racine d'un verbe au passé, représente souvent le potentiel sanscrit. EXEMPLE : རྡུལ་རེ་བཏག་ལ་ « Qu'il dépose la poussière », en sanscrit :

radjas samoupanikchipêt. (*Lotus,* xv, trad. p. 192.) (Comparez la note pour le n° 75, p. 60.)

On l'emploie aussi avec le sens de *pour, à l'égard de,* au lieu du génitif : དེ་དག་ལ་བསྲུང་བ་བགྱིས་པར་འགྱུར་རོ་ «On fera la garde pour eux», en sanscrit : *têchâm̃ rakchâ kritâ bhavichyati.* — དགེ་སློང་ལ་རྒྱང་མ་ནས་ཀྱང་ལྡང་བར་བྱའོ་ «Il faut se lever, même de loin, pour aller vers les religieux». — གང་གིས་དེ་ལ་གནོད་སེམས་བསྐྱེད་པར་གྱུར་པ་ «Par lesquels, envers celui-là, des pensées nuisibles ont été produites». — ཇི་ནས་ཆོས་འདི་ལ་སྟེ་ཆོས་འཚལ་བར་མི་འགྱུར་བ་ «De sorte qu'il n'y ait plus de doute sur cette loi, au sujet, à l'égard de cette loi».

On rencontre assez souvent des signes du locatif après les locutions absolues formées avec l'instrumental et l'ablatif, comme : རྙེད་པས་ན་ «ayant obtenu, après avoir obtenu»; ཤེས་ནས་སུ་ «ayant su». (Comp. n° 98.)

La particule ལ remplace souvent la conjonction ཅང dans les phrases où se trouvent des oppositions ou plusieurs qualifications de suite. Exemple : སྐུ་ཤིན་ཏུ་རྩུབ་ལ་མི་སྡུག་པ་ «corps très-rude et désagréable». (*Dsang-loun,* vii, p. 40.) (Comp. n° 12.)

Le locatif s'emploie très-souvent là où les autres langues mettent le génitif[1], comme : བྱའི་ཚོང་དུ་ཇི་བ་ན་ «A l'ap-

---

[1] Le sanscrit emploie indifféremment le génitif ou le locatif, et

proche de (littéralement : « à l'approche dans ») l'accomplissement des mois ». — ཆུའི་ཆེ་ལ་ཟབ་པས་ « A cause de (littéralement : « à cause dans ») la grandeur et de la profondeur de l'eau ». — སློབ་དཔོན་ཕྱིར་འོང་དུ་ཉེ་བ་ན་ « A l'approche du retour du maître ». — བསྐལ་པ་མེས་འཇིག་དུ་ཉེ་བ་ན་ « A l'approche de la destruction d'un kalpa (âge du monde) par le feu ». — ཡུལ་དུ་བུད་མེད་ཐམས་ཅད་ « Toutes les femmes du (littéralement : « dans le ») pays ». — སྟོང་དུ་ཚང་ན་ « Au complément des (littéralement : « dans ») mille ». — དེ་དག་ལ་གཅིག་གིས་ « Par un de ceux-là » (littéralement : « parmi ceux-là »).

Les phrases de l'espèce de cette dernière peuvent aussi se rendre par l'ablatif. EXEMPLES : དེད་ལས་གང་དག་གིས་ « Par ceux d'entre nous qui », etc. — རྒྱལ་པོའི་ནང་ན་ཆོས་བཞིན་དུ་ « Suivant la loi d'un roi de (littéralement : « d'un roi dans ») l'intérieur », c'est-à-dire « orthodoxe ». — འཇེ་བ་ལ་སྡོང་བྱས་ཏེ་ « Ayant fait des vases d'argile » (littéralement : « en argile »)[1]. — དེའི་དུས་ན་རྒྱལ་པོ་དེ་ན་ « Le roi de (litté-

---

dit aussi bien *têchou madhyê* (loc.), que *têchâm madhyê* « au milieu de ceux-ci ».

[1] *Lotus de la bonne loi*, ch. v, traduction de E. Burnouf, p. 82. Le sanscrit a aussi le locatif : *mrittikâsou bhâdjanâni karôti*, ce qui est exactement rendu en français par : « Il fait des vases en argile ». Cela ressemble à nos locutions *montre en or, lit en fer*, etc. que l'Aca-

ralement : « dans ») ce temps-là ». — འདི་ལ་རྒྱུ་ཅི་ཡོད་ « Quelle est la cause de (littéralement : « en ») ceci ? ».

La particule ལ a aussi le sens de *sous* et de *par* : དེ་ཡི་ བསྟན་པ་ལ་ « Sous l'enseignement de celui-là ». — བཅོམ་ལྡན་ འདས་ཀྱི་གསུང་རབ་ན་ « Sous l'enseignement de Bhagavat ». — སངས་རྒྱས་བྱེ་བ་མང་ལ་ཕྱག་བྱས་པ་ « Qui ont rempli leur mission sous plusieurs millions de Bouddhas ». — ཁྱོད་ཀྱི་བུ་ དགའ་ལ་ « Par ta faveur ». (Comparez le français : *sous votre bon plaisir*.)

Quand deux verbes à l'impératif se suivent, le premier prend le plus souvent la particule du locatif. EXEMPLES : མི་དེ་ཟུང་ལ་སོད་ཅིག « Prenez cet homme et tuez-le », ce qui pourrait également se traduire par : « Ayant pris cet homme, tuez-le ». — རེ་ཞིག་མ་བསད་པར་སྡོད་ཅིག « Un instant, attendez, ne le tuez pas ! », ou : « Un instant sans le tuer, attendez ! ». — ནོར་མེ་བདོག་པ་ཅིག་ཚོལ་ལ་ཁྲིད་དེ་ཤོག « Cherche un homme sans fortune et viens l'amener » (littéralement : « Et l'amenant, viens »).

101. On a vu (n° 100) que l'accusatif prenait souvent les particules du locatif ou du datif. Il y a cependant des exemples où le mot à l'accusatif n'est suivi d'aucune particule ; mais, le sujet étant à l'instrumental, la phrase peut

---

démie et les grammairiens rejettent comme incorrectes, mais qui n'en sont pas moins généralement employées aujourd'hui.

être prise à l'actif ou au passif, comme : དེ་བཞིན་གཤེགས་པས་ཐམས་ཅད་ཁ་དོག་གཅིག་པ་སྦྱིན་པར་མཛད་དོ་ « Tous ceux que donne (ou qui sont donnés par) le Tathâgata sont de la même espèce ». D'après le texte original sanscrit, *tathâgató dadâti sârvâny êkavarnâni*, la phrase tibétaine représente l'actif. (*Lotus de la bonne loi*, ch. III, traduction de E. Burnouf, p. 53.)

L'exemple suivant, construit de la même manière, étant pris au passif, le substantif est au nominatif : ཁོ་བོས་མཐོང་བ་དེ་བཞིན་གཤེགས་པ་, en sanscrit : *mayâ drichtô tathâgataḥ*, « Le Tathâgata a été vu par moi »; mais on traduirait aussi bien : « J'ai vu le Tathâgata ». (*Lotus de la bonne loi*, ch. XI, traduction de E. Burnouf, p. 160.)

102. On a déjà vu l'ablatif employé pour exprimer le comparatif et le superlatif (n° 40).

On le trouve aussi dans un grand nombre de locutions, que les exemples suivants serviront à éclaircir : དགྲ་ལས་རྒྱལ་བ་ « vainqueur de l'ennemi »; བགྲང་བ་ལས་ནི་འདས་པ་ « dépassant le calcul »; སྡུག་བསྔལ་ལས་འདས་པ་ « délivré de la misère (l'ayant dépassée) »; རྒྱལ་པོའི་སྲས་ཀྱིས་བདག་ལས་ཐོས་ནས་ « le fils du roi ayant appris de moi »; ང་ལས་ཉོན་ « apprenez (littéralement : « écoutez ») de moi » (comparez, n° 99, འདི་ཉིད་དུ་); སངས་རྒྱས་དེ་དག་ལས་ཆོས་ཉན་པར་ « entendre la loi (de la bouche) de ces Bouddhas ».

La phrase suivante est remarquable en ce que la forme

7

qui semble celle du superlatif ne doit pas être prise avec ce sens, parce qu'elle est suivie d'un adverbe et non d'un adjectif : སེམས་ཅན་ཐམས་ཅད་ལས་རེ་མཚར་དུ་གྱུར་པ་ « Est apparu merveilleusement entre tous les êtres », en sanscrit : *sarvasatvânâm âçtcharyabhoûto'bhoût* (Lalita vistara, ch. VII). — རེད་ལས་རེ་དག་གིས་ཆོས་ཐོས་ཤིང་ « Ceux de nous qui ont entendu la loi ». — ལྔ་སྟོང་ལས་ནི་མི་ཉུང་བ་ « Pas moins de cinq mille ». — དེ་ལས་མི་ཉུང་བ་ « Pas moins que cela ». — སློབ་མ་བརྒྱད་པ་བརྒྱ་པོ་དེ་དག་ལས་གཅིག་ « L'un de ces huit cents disciples ». — དེ་དག་ལས་གང་ཟས་ཟ་བ་ « Ceux d'entre eux qui prenaient de la nourriture ». — ཁྱེད་རྣམས་ལས་གང་སུ་ཞིག་ « Celui d'entre vous qui ». — མདོ་ལས་ཚིགས་བཅད་གཅིག་ཀྱང་མི་འཛིན་པ་ « Ne retenant pas même une stance du livre (soûtra) ». — ཐེག་པ་གཅིག་པོ་ལས་བརྩམས་ཏེ་ « Commençant par un véhicule unique ». — ཐེག་པ་གཅིག་པོ་དེ་ལས་ཐེག་པ་གསུམ་དུ་བཤད་དེ་ « De cet unique véhicule faisant trois véhicules » (littéralement : « expliquant en trois véhicules »). — དེ་བཞིན་གཤེགས་པ་ལས་ཆོས་ལ་ཞུགས་ཏེ་ « Entré dans la loi par l'entremise du Tathâgata ». — ཁབ་ནས་བཞུགས་པ་ལས་མདོན་མ་བྱུང་བའི་ཚེ་ « Alors qu'il n'était pas sorti du palais » (littéralement : « du séjour dans le palais »). — བདག་ལས་སྨོས་ཀྱང་རུང་གཞན་ལས་སྨོས་ཀྱང་རུང་ « Qu'il parle de lui ou qu'il parle des autres ». — འདི་ལས་གུད་ན་གཉིས་སུ་གཞན་མེད་དོ་ « Celui-ci exclu, il n'y en a pas un autre second » (littéralement : « à partir de celui-ci en l'excluant, etc. »). — དེ་བཞིན་གཤེགས་པ་ལས་ཆོས་

འདི་དག་ལ་ཞུགས་ཏེ་ « Entré dans ces lois (par l'entremise) du Tathâgata ». — བྱང་ཆུབ་ལས་རིང་བར་ « Loin de (*far from*) l'état de sainteté ». — La phrase opposée emploie le locatif : བྱང་ཆུབ་ཏུ་ཉེ་བར་ « Près de la sainteté » (comparez n° 100, p. 93). — འདི་ནས་ཆུ་རྒྱུད་རིང་སྟེ ou བག་རིང་དོ་ « La rivière est loin d'ici ». — འདི་ནས་ཆུ་ནི་ཉེའོ་ « La rivière est près d'ici ». — འཁོར་གྱི་ནང་ནས་ « Du milieu de l'assemblée ». — ཅོད་པན་ལས་ནོར་བུ་བཀྲོལ་ཏེ་ « Ayant détaché le joyau du diadème ». — ཁང་པ་བརྩིགས་ནས་རིང་དུ་ཡོན་པ་ « Maison bâtie depuis longtemps ». — དེང་དུ་དེའི་དུས་ནས་ལོ་བཞི་བཅུ་ལྷག་ཙམ་ལགས་ན་ « Il y a aujourd'hui, depuis cette époque, un peu plus de quarante ans. — འདིའི་བཙས་ནས་ « Depuis la naissance de celui-ci ». — དྲིས་ནི་དེ་ལས་ཤེས [1] « Il reconnaît à (par) l'odeur ».

103. Les verbes sont placés à la fin de la proposition. Exemples : ང་ནི་དེ་མི་ཤེས་སོ་ « Je ne sais pas cela ». — ང་ཡང་དེ་མ་ཤེས་ཟིན་ « Je n'ai pas même su cela ». — ཁྱོད་ལ་དེ་སུས་ཟེར་ « Qui t'a dit cela ? » (littéralement : « à toi cela par qui dit ? »). — ཁྱོད་ཡུན་རིང་དུ་འཚོ་བར་གྱུར་ཅིག་ « Puisses-tu vivre

---

[1] On trouve l'instrumental quand la sensation se rapporte au sujet : སྣ་ཡིས་ཤེས་ « Il connaît par l'odorat ». Le sanscrit emploie l'instrumental dans les deux cas : *gandhêna, ghrânêna djânâti* (*Lotus de la bonne loi,* chap. XVIII, st. 24 et suiv.); mais l'instrumental et l'ablatif sont souvent confondus en tibétain.

longtemps!» — མི་བསླབ་པར་བྱ་བ་ «L'homme qu'il faut instruire » (*homo docendus*).

Les expressions telles que : *ayant appris, il réfléchit ainsi, telle fut sa pensée, il parla ainsi,* etc. que l'on peut mettre, comme en français, au commencement d'une phrase, sont, le plus souvent, placées à la fin. EXEMPLE : དེས་ཁྱིམ་བདག་གིས་བྱ་ཞིག་རྙེད་དོ་ཞེས་ཐོས་ནས་དེ་བདག་གི་བུ་ཡིན་སྙམ་སྟེ། དེའི་བར་དུ་སོང་ནས་འདི་ནི་བདའི་བུ་ཡིན་གྱིས་ཕྱིར་ཕྱིན་ཅིག་ཅེས་སྨྲས་སོ་ (littéralement : «Par lui, par un maître de maison un enfant a été trouvé *ayant appris,* c'est mon enfant *il pensa;* et étant allé auprès de lui (du maître de maison) : cet enfant étant à moi, rendez-le-moi, *il parla ainsi*»), c'est-à-dire : «Ayant appris qu'un enfant avait été trouvé par un maître de maison, il pensa : c'est mon enfant; et, étant allé auprès de lui, il dit : cet enfant étant le mien, rendez-le-moi». (*Dsang-loun,* chap. xxv.)

Quelquefois l'adverbe est au commencement de la phrase et le verbe à la fin : དེ་འདི་ལྟར་བདག་གིས་ཁྱིའུ་འདི་དག་པང་པར་བླངས་ཏེ་ཁྱིམ་འདི་ནས་བྱུང་དོ་སྙམ་དུ་བསམས་པ་ (littéralement : «Il *ainsi* : par moi ces enfants étant pris sur ma poitrine, je les retire de cette maison, *pensa*»), c'est-à-dire : «Il réfléchit ainsi : ayant pris ces enfants sur ma poitrine, je les retirerai de cette maison». (*Lotus,* chap. III.)

104. L'instrumental est employé devant les verbes actifs et passifs, c'est-à-dire toutes les fois que l'action passe

d'un objet à un autre. Exemples : རེ་རྒྱལ་པོས་མཛད་ « Le roi a fait cela » ou « cela a été fait par le roi ». — རེ་བདག་གིས་ བྲིས་སོ་ « J'ai écrit cela » ou « cela a été écrit par moi ». — རྒྱལ་པོ་ཀུན་གྱིས་བཀུར་ « Le roi est respecté par tous ». — རྒྱལ་ མོ་གསོལ་བ་ « La reine demanda ». — འདི་སུས་བྱས་ « Qui a fait ceci? » ou « par qui ceci a-t-il été fait? ». — ངས་ཁྱོད་ ཐོས་པར་བྱས་ « Je t'ai fait entendre » ou « il a été fait entendre à toi par moi ».

105. Quand le verbe actif n'est pas transitif, on emploie le nominatif. Exemples : ང་འགྲོ་ « Je vais ». — ང་མི་ འགུལ་ « Je ne marche pas ». — ཁྱོད་ནམ་ཞེབས་ « Quand es-tu arrivé? ». — ཉི་མ་ཤར་སོང་ « Le soleil est levé ». — ཟླ་བ་ ནུབ་སོང་ « La lune est couchée ». — འཇིག་རྟེན་འཇིག་པར་བྱེད་ « Le monde est détruit ».

Le nominatif est employé aussi devant les verbes avec la particule emphatique ནི. Exemple : ང་ནི་དེ་མ་སྨྲས་སོ་ « Je n'ai pas dit cela », au lieu de ངས་ (à l'instrumental) དེ་མ་ སྨྲས་སོ་.

106. Le présent est quelquefois employé pour le futur et le passé. Exemples : ཁྱོད་ཚངས་པའི་ལྷར་སྐྱེའོ་ « Tu renaîtras dans la divinité de Brahma » (comparez l'anglais : *when I am dead*). — ཁྱོད་ལ་ཅི་དང་ཅི་དགོས་པ་རྣམས་ཁྱོད་ལ་སྦྱིན་ནོ་ « Tout ce dont tu auras besoin, je te le donnerai ». — ཤིང་དེའི་དྲུང་ དུ་རྒྱལ་པོ་ཡོད་དོ་ « Le roi était auprès de cet arbre ». (Voyez aussi nos 10-13 ; 70-79.)

107. On rencontre quelquefois, dans une énumération, une espèce d'adverbe au lieu d'un nombre ordinal, comme :

གཅིག་ཏུ་ན་ « en premier », en sanscrit : *prathama*;

གཉིས་སུ་ན་ « en second », en sanscrit : *dvitīya*;

གསུམ་དུ་ན་ « en troisième », en sanscrit : *tṛitīya*;

བཞིར་ན་ « en quatrième », en sanscrit : *tchatourtha*.

(*Lotus de la bonne loi*, chap. v, traduction de E. Burnouf, p. 83.)

གཉིས་སུ་གར་ཡང་མེད་ན། གསུམ་དུ་ལྟ་ཅི་སྨོས་ « Quand il n'y en a pas même un second, pourquoi parler d'un troisième? ». (Comparez n° 48.)

L'expression *moins, moins de* se rend par ཉུང་བ་ ou མ་ཚང་བ་; le premier, précédé de l'ablatif; le second, de l'instrumental. EXEMPLES : སྟོང་ལས་ནི་མི་ཉུང་བ་ « Pas moins de mille ». — སྟོང་དུ་གཅིག་གིས་མ་ཚང་བ་ « Mille moins un » (littéralement : « incomplets par un »). (Voy. p. 98, l. 7.)

Dans les locutions suivantes, imitées du sanscrit, le nom de nombre se rapporte, sans distinction d'espèce, aux personnes dont il est question. EXEMPLES : དེ་དག་བདག་གི་ཞབས་འབྱོར་བ་དང་ལྷན་ཅིག་ཏུ་བདག་དང་གཉིས་བདག་དང་གསུམ་ (littéralement : « Ceux-là chacun avec ses serviteurs, soi et deux, soi et trois »), c'est-à-dire : « Ceux-là accompagnés chacun soit d'un serviteur, soit de deux ». (Comp. n° 97, དང་ employé d'une manière analogue.) — མ་སྟོང་གསུམ་ (littéralement : « Mère fils trois »), c'est-à-dire : « La mère et ses deux fils ».

108. La négation précède immédiatement le verbe, et c'est ce qui explique pourquoi, dans certains composés, elle doit être placée au milieu et non en avant. EXEMPLES :

ཉོན་མོངས་ « corruption naturelle, vice, souffrance »; avec la négation, ཉོན་མི་མོངས་.

རུ་ཐོག་པར་ « être capable, être possible »; avec la négation, རུ་མི་ཐོག་པར་.

སྡུག་བདན་འདས་ « délivré de peine, arrivé au Nirvâṇa »; avec la négation, སྡུག་བདན་མ་འདས་.

ཐེ་ཚོམ་ཟ་བ་ « incertitude, scrupule, doute »; avec la négation, ཐེ་ཚོམ་མི་ཟ་བ་.

གཉིད་ལོག་པ་ « sommeiller, dormir »; avec la négation, གཉིད་མ་ལོག་པ་.

ཆུད་གཟན་པ་ « perdre, dépenser en vain »; avec la négation, ཆུད་མ་གཟན་པ་.

ངོ་ཚ་ « avoir honte »; avec la négation, ངོ་མི་ཚ་ ou ངོ་ཚ་མི་ཤེས་པ་.

109. L'adverbe ནམ་ཡང་ « jamais » doit être suivi de la négation. EXEMPLES : ནམ་ཡང་འདི་ལ་མ་སྨོན་ཏེ་ « Ne désirant jamais ceci ». (*Lotus de la bonne loi*, chap. IV, stance 44.)

— ནམ་ཡང་དགའ་བར་མ་གྱུར་ཏེ་ « N'ayant jamais éprouvé de joie ». (*Lotus de la bonne loi*, chap. IV, stance 44.)

110. La répétition d'un mot indique, comme en sans-

crit, la division, la multiplication, la spécification, etc.
EXEMPLES : གནས་དང་གནས་གྱུར་ཤེས « Il connaît chaque lieu ».
— ཇི་དང་ཇི « Tout ce que » (littéralement : « ce que et ce que »). — དེ་དང་དེ « Tout cela » (littéralement : « cela et cela »).

APPENDICES.

I.

Dans un excellent travail sur la grammaire tibétaine[1], M. Anton Schiefner s'est particulièrement occupé des lettres muettes. J'en extrais, pour ceux qui ne pourraient se procurer le recueil de Saint-Pétersbourg, les règles suivantes, empruntées aux grammairiens tibétains :

པོ་ནི་པོ་དང་སོ་ལ་འཇུག

སོ་ནི་སོ་དང་མ་ནེད་ལ།

མ་ནེད་ཡང་ནི་པོ་སོ་ལཏོ།

ཤེན་ཏུ་སོ་ནི་མ་ནེད་དང་།

སོ་དང་ཤེན་ཏུ་སོ་ཉིད་ལཏོ།

མི་འཇུག་པ་ནི་འདི་ལྔ་སྟེ།

པོ་ནི་མ་ནེད་ལ་མི་འཇུག

སོ་ཡང་པོ་ལ་འཇུག་མི་འགྱུར།

མ་ནེད་དང་ལ་དང་མི་འཇུག

---

[1] *Tibetische studien*, dans le *Bulletin de la classe historico-philologique* de l'Académie impériale des sciences de Saint-Pétersbourg, tome VIII, nos 14, 17, 19, 21 et 22; 72 pages in-8° en allemand, 1851.

རང་གི་སྟེ་དང་ཕྱད་པ་ན།
པོ་ཡང་མོ་ལ་འཇུག་མི་འགྱུར།
མ་ནིང་མོ་ཡང་དེ་བཞིན་ནོ།[1]

Avant de traduire ce texte, il faut remettre sous les yeux du lecteur la classification des lettres tibétaines, d'après les grammairiens indigènes, que Csoma nous a donnée dans sa *Grammaire*, p. 2 et 3.

ཀ, ཅ, ཏ, པ, ཙ sont masculines (པོ).

ཁ, ཆ, ཐ, ཕ, ཚ sont neutres (མ་ནིང).

ག, ང, ད, ན, ཛ, ཞ, ཟ, འ, ཡ, ར, ལ, ས sont féminines (མོ).

ད, ན, ན, མ sont très-féminines (ཤིན་ཏུ་མོ).

ར, ལ, ཧ sont stériles (མོ་གཤམ).

Puis on a classé de nouveau les lettres qui servent de préfixes, et བ est devenue masculine; འ est restée féminine, མ très-féminine; ག et ད sont devenues neutres.

Voici maintenant la traduction :

« La préfixe masculine (བ) se met devant les masculines « (ཀ, ཅ, ཏ, ཙ) et les féminines (ག, ད, ན, ཟ, ཤ, ས);

« La féminine (འ) se met devant les féminines (ག, ང, « ད, བ, ཛ) et devant les neutres (ཁ, ཆ, ཐ, ཕ, ཚ);

« Les neutres se mettent devant les masculines et les « féminines (ག devant les masculines ཅ, ཏ, ཙ et les fémi-

---

[1] Traité tibétain du Musée asiatique de Saint-Pétersbourg, n° 460 du catalogue.

« nines ཇ, ད, ཌ, ཆ, ཐ, ཞ, ཕ, ས; — ད devant les mascu-
« lines ཀ, པ et les féminines ག, ར, བ, མ);

« La très-féminine (ས) se met devant les neutres (ཁ,
« ཚ, ཐ, ཚ) ainsi que devant les féminines (ག, ཇ, ད, ཇ) et
« devant les très-féminines elles-mêmes (ར, ཇ, ཌ). »

Les placements à éviter sont les suivants :

« La masculine (པ) ne se met pas devant les neutres
« (ཁ, ཚ, ཐ, པ, ཚ), ni la féminine (བ) devant les mascu-
« lines (ཀ, ཙ, ཏ, པ, ཚ);

« Les neutres (ཀ et ད) ne se mettent pas devant les
« neutres elles-mêmes (ཁ, ཚ, ཐ, པ, ཚ);

« Dans la rencontre (de lettres) de leur propre classe,
« les masculines ne se mettent pas devant les féminines;
« il en est de même pour les neutres et les féminines
« (entre elles). »

Il résulte des règles qui précèdent :

1° Que la masculine པ ne peut se mettre devant la féminine ས, parce qu'elle appartient à la même classe (les
labiales);

2° Que la neutre ད ne peut aller devant la masculine
ཏ et la féminine ཌ, qui sont de sa classe (les dentales);

3° Que la neutre ཀ ne peut aller devant la masculine
ཀ, ni devant la féminine ར, qui sont de la même classe
(les gutturales);

4° Que la féminine ཨ ne peut aller devant les féminines ཇ, ཐ, ཤ, qui sont de la même classe (les palatales);

5° Que la très-féminine མ ne peut se mettre ni devant la masculine པ, ni devant la féminine བ, ni devant la neutre མ, qui toutes sont de la même classe qu'elle (les labiales).

En examinant de nouveau les règles données ici, nous voyons que, avant tout, les lettres préfixes ne se mettent jamais immédiatement devant une lettre de la même classe qu'elles; en second lieu, que les consonnes aspirées ne souffrent que les préfixes འ et མ, qui souvent s'emploient l'une pour l'autre, tandis que les consonnes fortes et faibles accueillent བ, ག et ད, les faibles accueillant de plus འ et མ, dont la dernière est employée devant les nasales ང, ཉ et ན.

Il faut remarquer enfin que ད ne se présente pas devant ཙ et ཚ, ce qui peut s'expliquer par l'origine dentale de ces dernières.

ག et མ doivent être comptées parmi les lettres faibles, puisque, la plupart du temps, elles représentent l'affaiblissement de ཙ et de ཚ.

Voici maintenant, sur la prononciation des préfixes, un extrait d'un autre livre qui appartient aussi au Musée asiatique de Saint-Pétersbourg, n° 132 du catalogue, fol. 8 :

ག་ཡི་འབུལ་ཚན་བོག་མར་ཀུན་ནས་དབྱུང་།

APPENDICES. — I.

དས་འཕུལ་བྱེ་རྗེ་སྒྲོད་ཅོད་པ་མས་འཕུལ།
ཁ་ཡི་མཆུ་བཙུམ་པ་དང་ཁྱད་པར་སྒོ།
བས་འཕུལ་གྱི་པའི་ཕུགས་ནས་དབྱུང་བྱ་སྟེ།
འཕུལ་ཞིང་བརྩེགས་པའི་ཡི་གེ་རྣམས་གྱུར་ནི།
གོ་རིམ་བཞིན་དུ་དབྱུང་ཞེས་མཁས་པས་བཤད།

« Les mots affectés du préfixe ག sont prononcés du com-
« mencement du palais; avec le préfixe ད, on prononce
« en laissant lâche le bout de la langue; avec བ et མ pré-
« fixes, on prononce en fermant les lèvres, surtout du nez;
« avec le préfixe འ, on doit prononcer du fond du gosier.
« Les lettres superposées qui sont des préfixes doivent être
« prononcées l'une après l'autre. Telle est l'explication des
« savants [1]. »

Le soin qu'on a mis à poser les principes de l'orthographe et de la prononciation tibétaines apparaît suffisamment dans les règles qu'on vient de lire, et l'on peut en conclure qu'Abel-Rémusat s'était trop pressé d'accuser cette orthographe d'être irrégulière. Rien au contraire n'est mieux réglé. On y reconnaît la direction des savants Indiens qui furent les maîtres des Tibétains et qui appliquèrent à une langue encore inculte ce merveilleux talent d'analyse qui avait fait du sanscrit l'idiome le plus parfait que l'on connaisse.

---

[1] Ceci est emprunté au travail de M. Schiefner (*Tibetische studien*).

II.

FORMATION DES TEMPS DES VERBES.

(*Grammaire* de Csoma de Körös, p. 75 et suiv.)

Quand les formes de l'indicatif présent, du prétérit, du futur et de l'impératif sont connues, les autres temps en dérivent régulièrement à l'aide de particules ou des verbes auxiliaires.

Quoiqu'il y ait en tibétain des racines verbales qui commencent par une seule consonne et qui, ne changeant pas aux différents temps, sont distinguées par les particules ou les auxiliaires qu'on y joint, cependant la plupart des verbes prennent de plus l'une des cinq lettres préfixes ག, ད, བ, མ, འ pour former le présent, le prétérit et le futur, ce qui amène un grand nombre d'irrégularités.

Les tableaux suivants, dans l'ordre alphabétique des dix lettres radicales ཁ, ག, ཆ, ཇ, ཉ, ད, ན, བ, མ, ཚ précédées de འ à l'indicatif présent, serviront à montrer ces irrégularités.

N°. 1.

Indic. prés.	Prétérit.	Futur.	Impératif.
འཁལ	བཀལ་ཟིན	བཀལ	ཁོལ་[1]
འཁུར	བཀུར་ཟིན	བཀུར	ཁུར་[2]

---

[1] v. a. Filer. — [2] v. a. Porter; respecter.

APPENDICES. — II.

Suite du n° 1.

Indic. prés.	Prétérit.	Futur.	Impératif.
འཆིག	བཅིགས	བཅིག	ཆིག [1]
འཆིད	བཅིས	བཅི	ཆིད [2]
འཁྲུད	བཀྲུས	བཀྲུ	ཁྲུད [3]

Dans les verbes comme ceux qui précèdent, l'impératif est formé de l'indicatif présent en supprimant le préfixe འ et en changeant *a* en *o*. Le futur est de même formé du présent en changeant le préfixe འ en བ et en substituant la dure ག à l'aspirée ཁ. Le prétérit est formé du futur en ajoutant ས ou ཟིན, signe du passé. ཟིན est la forme du prétérit de འཛིན « être achevé, épuisé » (*Tib. diction.* p. 166, col. 1).

N° 2.

Indic. prés.	Prétérit.	Futur.	Impératif.
འགུགས	བགུག	དགུག	ཁུག [1]
འགུམ	བགུམ	དགུམ	ཁུམ [2]
འགེགས	བཀག	དགག	ཁོག [3]
འགེངས	བཀང	དགང	ཁོང [4]
འགེབས	བཀབ	དགབ	ཁོབ [5]

N° 1. [1] v. a. Attacher, lier. — [2] v. a. Conduire. — [3] v. a. Laver.
N° 2. [1] v. a. Attirer, appeler, inviter. — [2] v. a. Détruire, tuer. — [3] v. a. Empêcher, prohiber. — [4] v. a. Emplir, remplir. — [5] v. a. Couvrir, recouvrir, abriter.

Suite du n° 2.

Indic. prés.	Prétérit.	Futur.	Impératif.
འགེལ་	བགལ་	དགལ་	ཁོལ་ [1]
འགེས་	བགས་	དགས་	ཁོས་ [2]
འགོད་	བགོད་	དགོད་	ཁོད་ [3]
འགེམ་	བགམ་	དགམ་	ཁོམ་ [4]
འགོལ་	བགོལ་	དགོལ་	ཁོལ་ [5]

Dans les verbes comme les précédents, le futur est formé de l'indicatif présent en changeant le préfixe འ en ད et la voyelle *e* en *a*, et en supprimant le second affixe ས (comme dans འགེས་, etc.). Le prétérit est formé du futur en changeant ད en བ et en substituant la sourde ཀ à la sonore ག. L'impératif est formé de l'indicatif présent en supprimant འ et le second affixe ས, et en changeant la sonore ག en l'aspirée ཁ, et l'*e* en *o*.

Nous laisserons le lecteur analyser lui-même la formation des temps dans les tableaux suivants :

N° 3.

Indic. prés.	Prétérit.	Futur.	Impératif.
འཆག་	བཅགས་	བཅག་	ཆོག་ ou ཆོག་ [1]

N° 2. [1] v. a. Charger. — [2] v. a. Fendre. — [3] v. a. Bâtir, construire. — [4] v. a. Éparpiller, asperger. — [5] v. a. Expliquer, développer.

N° 3. [1] v. a. Traverser en voyageant ; aller çà et là.

Suite du n° 3.

Indic. prés.	Prétérit.	Futur.	Impératif.
འཆང་	བཅངས་	བཅང་	ཆོང་ [1]
འཆད་	བཤད་བྱིན་	བཤད་	ཤོད་ [2]
འཆབ་	བཅབས་	བཅབ་	ཆོབ་ [3]
འཆའ་	བཅས་	བཅའ་	ཆོས་ [4]
འཆིར་	བཅིརས་	བཅིར་	ཆིར་ [5]
འཆིབ་	འཆིབས་	བཆིབ་	ཆིབ་ [6]
འཆུ་	བཅུས་	བཅུ་	ཆུས་ [7]
འཆེ་	བཅེས་	བཆེ་	ཆེས་ [8]
འཆེག་	བཤགས་	བཤག་	ཤོག་ [9]
འཆོ་	བཅོས་	བཅོ་	ཆོས་ [10]

N° 4.

Indic. prés.	Prétérit.	Futur.	Impératif.
འཇལ་	བཅལ་	གཞལ་	འཇོལ་ [1]
འཇིག་	བཤིག་	གཞིག་	ཤིག་ [2]

N° 3. [1] v. a. Garder, tenir, porter. — [2] v. a. Expliquer, dire. — [3] Cacher, céler. — [4] v. a. Préparer, apprêter (comparez འཆོ ci-dessous). — [5] v. a. Lier, attacher. — [6] v. a. Monter. — [7] v. a. Puiser de l'eau; arroser. — [8] v. a. Promettre, assurer. — [9] v. a. Fendre; confesser. — [10] v. a. Préparer, apprêter (comparez འཆའ ci-dessus).

N° 4. [1] v. a. Peser, mesurer. — [2] v. a. Détruire.

Suite du n° 4.

Indic. prés.	Prétérit.	Futur.	Impératif.
འཇིབ་	བཞིབས་	བཞིབ་	ཞིབ་ [1]
འཇལ་	བཅལ་	གཞལ་	ཆལ་ [2]
འཇུ་	བཞུས་	བཞུ་	འཇུས་ [3]
འཇུག་	བཅུག་	གཞུག་	ཆུག་ [4]
འཇུན་	བཅུན་	གཞུན་	ཆུན་ [5]
འཇོ་	བཞོས་	བཞོ་	འཇོས་ [6]
འཇོག་	བཞག་	གཞག་	ཞོག་ [7]
འཇོག་	བཞོགས་	གཞོག་	ཤོག་ [8]
འཇོམས་	བཅོམ་	གཞོམ་	ཆོམ་ [9]

N° 5.

Indic. prés.	Prétérit.	Futur.	Impératif.
འཐགས་	བཏགས་	བཏག་	ཐོག་ [1]
འཐིག་	བཏིགས་	བཏིག་	ཐིག་ [2]
འཐུང་	བཏུངས་	བཏུང་	འཐུང་ [3]

N° 4. [1] v. a. Sucer, tirer. — [2] v. a. Déposer, dépouiller d'un emploi. — [3] v. a. Digérer; cuire. — [4] v. a. Mettre; faire, causer. — [5] v. a. Soumettre, adoucir. — [6] v. a. Exprimer; tirer le lait. — [7] v. a. Mettre, placer, déposer. — [8] v. a. Couper, tailler. — [9] v. a. Soumettre, vaincre.

N° 5. [1] v. a. Broyer; tisser. — [2] v. a. Égoutter, faire égoutter. — [3] v. a. Boire.

APPENDICES. — II.

Suite du n° 5.

Indic. prés.	Prétérit.	Futur.	Impératif.
འཇུབ་	བཏུབས་	གཏུབ་	འཇུབ་[1]
འབོར་	བཏོར་	གཏོར་	འབོར་[2]

N° 6.

Indic. prés.	Prétérit.	Futur.	Impératif.
འདིར་	བཏེར་	གཏེར་	ཐེར་[1]
འདུལ་	བཏུལ་	གཏུལ་	ཐུལ་[2]
འདེགས་	བཏེག་	གཏེག་	ཐེག་[3]
འདེབས་	བཏབ་	གཏབ་	ཐོབ་[4]
འདོགས་	བཏགས་	གཏགས་	ཐོགས་[5]
འདོན་	བཏོན་	གཏོན་	ཐོན་[6]

N° 7.

Indic. prés.	Prétérit.	Futur.	Impératif.
འཕུལ་	ཕུལ་	དཕུལ་	ཕུལ་[1]
འཕྲི་	ཕྲི་	འཕྲི་	ཕྲི་[2]
འཕྲོག་	ཕྲོག་	དཕྲོག་	ཕྲོག་[3]

N° 5. [1] v. a. Couper en petites pièces. — [2] v. a. Répandre, parsemer, éparpiller.

N° 6. [1] v. a. Étendre à terre. — [2] v. a. Soumettre, dompter, discipliner. — [3] v. a. Soulever, élever. — [4] v. a. Jeter, lancer, etc. — [5] v. a. Lier, attacher. — [6] v. a. Prononcer.

N° 7. [1] v. a. Séparer. — [2] v. a. Amoindrir, soustraire, diminuer. — [3] v. a. Ravir, prendre de force.

N° 8.

Indic. prés.	Prétérit.	Futur.	Impératif.
འབིགས	ཕིག	དབིག	ཕིག [1]
འབུགས	ཕུག	དབུག	ཕུག [1]
འབུད	བུད	དབུད	བུད [2]
འབུབས	བུབ	དབུབ	བུབ [3]
འབུལ	བུལ	དབུལ	བུལ [4]
འབེབས	ཕབ	དབབ	ཕོབ [5]
འབྱིན	བྱུར	དབྱུར	བྱུར [6]
འབྱེད	བྱེ	དབྱེ	བྱེ [7]

N° 9.

Indic. prés.	Prétérit.	Futur.	Impératif.
འཚག	བཙགས	བཙག	ཚོག [1]
འཚབ	བསབས	བསབ	ཚོབ ou སོབ [2]
འཚོར	བཙོར	གཟེར	ཚོར [3]
འཚོ	བཙོས	བཙོ ou གཙོ	ཚོས [4]
འཚོད ou འཚོད	བཙོས	བཙོ	ཚོས [5]

N° 8. [1] v. a. Percer. — [2] v. a. Déposer, quitter, laisser. — [3] v. a. Voûter, couvrir d'une voûte. — [4] v. a. Offrir, donner, présenter. — [5] v. a. Faire descendre. — [6] v. a. Tirer, retirer. — [7] v. a. Séparer, diviser, ouvrir.

N° 9. [1] v. a. Filtrer, clarifier. — [2] v. a. Payer, donner l'équivalent. — [3] v. a. Presser, exprimer. — [4] v. a. Heurter, blesser, faire mal. — [5] v. a. Bouillir; assaisonner; teindre.

APPENDICES. — II.

Suite du n° 9.

Indic. prés.	Prétérit.	Futur.	Impératif.
འཚམ	བཙམས	བཙམ	ཚམ [1]
འཚོ	བསོས	གསོ	སོས [2]
འཚོག	བཙོགས	བཙོག	ཚོག [3]
འཚོང	བཙོང	བཙོང	ཚོང [4]
འཚོལ	བཙལ་བྱེད	བཙལ	ཚོལ [5]

N° 10.

Indic. prés.	Prétérit.	Futur.	Impératif.
འཛིན	བཟུང	གཟུང	ཟུང [1]
འཛུག	བཙུག	གཟུག	ཟུག [2]
འཛུད	བཙུད	གཟུད	ཟུད [3]
འཛུམ	བཟུམ	གཟུམ	ཟུམ [4]
འཛར	བཟར	གཟར	ཟར [5]
འཛུལ	བཟུལ	གཟུལ	ཟུལ [6]
འཛེད	བཟེད	གཟེད	ཟེད [7]
འཛེམ	བཟེམ	གཟེམ	ཟེམ [8]

N° 9. [1] v. a. Coudre. — [2] v. a. Nourrir, entretenir; garder vivant. — [3] v. a. Couper, tailler, graver; piquer, percer, aiguillonner. — [4] v. a. Vendre. — [5] v. a. Chercher, rechercher.

N° 10. [1] v. a. Prendre, saisir. — [2] v. a. Fixer, planter, ficher. — [3] v. a. Convertir, changer, faire entrer dans. — [4] v. a. Fermer. — [5] v. a. Éviter. — [6] v. n. Se glisser, se traîner en rampant. — [7] v. a. Garder, conserver, recevoir. — [8] v. n. Être honteux, rougir.

APPENDICES. — II.

OBSERVATIONS SUR LES PRÉFIXES.

Les lettres ག, ད, བ, མ, འ, placées comme préfixes devant un mot, se trouvent, comme on l'a vu, avec les autres parties du discours aussi bien qu'avec les verbes; mais c'est surtout dans les verbes que leur utilité est plus visible, la formation de l'indicatif présent, du prétérit et du futur dépendant principalement de leur emploi.

ག préfixe est conservé à tous les temps de quelques verbes, tels que :

Indic. prés.	Prétérit.	Futur.	Impératif.
གཅི	གཅིས	གཅི་བར་འགྱུར	གཅིས་ཅིག [1]
གཡོག	གཡོགས	གཡོག་བར་འགྱུར	གཡོགས་ཤིག [2]
གསུང	གསུངས	གསུང་བར་འགྱུར	གསུང་ཞིག [3]
གནས	གནས་བྱིན	གནས་བར་འགྱུར	གནས་བར་གྱུར་ཅིག [4]

Dans quelques verbes, ག est employé seulement au présent et au futur, et quelquefois aussi à l'impératif, comme :

Indic. prés.	Prétérit.	Futur.	Impératif.
གཅོད	བཅད	གཅད	ཆོད ou གཅོད [5]

---

[1] v. n. Uriner, lâcher de l'eau. — [2] v. a. Couvrir. — [3] v. a. Commander, dire. — [4] v. n. Demeurer, rester.

[5] v. a. Couper, trancher.

Indic. prés.	Prétérit	Futur.	Impératif.
གཏོང་	བཏང་ ou བཏངས་	གཏང་	ཐོང་ [1]
གཏོད་	བཏད་	གཏད་	ཐོད་ [2]
གསོད་	བསད་	གསད་	སོད་ ou གསོད་ [3]
གསོན་	བསན་	གསན་	གསོན་ [4]

Avec un grand nombre de verbes, ག n'est employé qu'au futur (voyez ci-dessus, nos 4, 5, 6, 9 et 10).

ད préfixe est conservé à tous les temps de certains verbes :

Indic. prés.	Prétérit.	Futur.	Impératif.
དཔོག་	དཔགས་	དཔག་	དཔོག་ [5]
དཔོར་	དཔར་བྱིན་	དཔར་	དཔོར་ [6]
དབྱོར་	དབྱརས་	དབྱར་	དབྱོར་ [7]
དབྱོད་	དབྱད་བྱིན་	དབྱད་	དབྱོད་ [8]

Quelques verbes ne le prennent qu'au prétérit et au futur, comme :

Indic. prés.	Prétérit.	Futur.	Impératif.
འཁྲུག	དཀྲུགས་	དཀྲུག་	ཁྲུག་ [9]
འཁྲོལ་	དཀྲོལ་བྱིན་	དཀྲོལ་	ཁྲོལ་ [10]

[1] v. a. Donner. — [2] v. a. Confier, commettre. — [3] v. a. Tuer. — [4] v. a. Écouter.

[5] v. a. Mesurer, peser. — [6] v. a. Dicter, dire ce qu'il faut écrire. — [7] v. a. Suspendre, pendre. — [8] v. a. Essayer, éprouver, juger.

[9] v. a. Troubler. — [10] v. a. Faire du bruit avec un instrument de musique sur lequel on joue.

Dans beaucoup de verbes, il n'est employé qu'au futur (voyez n°ˢ 2, 7, 8).

བ préfixe est conservé à tous les temps de quelques verbes, tels que :

Indic. prés.	Prétérit.	Futur.	Impératif.
བགོད	བགོས	བགོ	བགོས, བགོས་ཤིག[1]
བགྱེད	བགྱེས	བགྱེ	གྱེས[2]
བགུད	བགུས	བགུ	གུས[3]

Dans beaucoup de verbes, བ préfixe ne se trouve qu'au prétérit (voyez n°ˢ 2, 4, 6, 10).

Il est employé au prétérit et au futur de certains verbes (voyez n°ˢ 1, 3, 5).

མ préfixe est conservé à tous les temps de quelques verbes :

Indic. prés.	Prétérit.	Futur.
མཆི	མཆིས	མཆི་བར་འགྱུར[4]
མཐོང	མཐོང་བྱིན	མཐོང་བར་འགྱུར[5]

Il est employé seulement au prétérit et au futur dans un petit nombre de verbes, tels que : མཉན «entendre clairement, écouter» et མཧན «opprimer, ravir; vaincre, surpasser».

---

[1] v. a. Diviser, partager. — [2] v. a. Faire. — [3] v. a. Nettoyer (le riz, etc.) en le battant.

[4] v. n. Aller, se retirer dans. — [5] v. a. Voir, regarder.

འ est le préfixe le plus employé avec les verbes. Plusieurs verbes le conservent à tous les temps, comme :

Indic. prés.	Prétérit.	Futur.
འབྱིག	འབྱིགས	འབྱིག་པར་འགྱུར [1]
འཁྲུག	འཁྲུགས	འཁྲུག་པར་འགྱུར [2]
འགག	འགགས	འགག་པར་འགྱུར [3]
འཐུང	འཐུངས	འཐུང་བར་འགྱུར [4]
འདའ	འདས	འདའ་བར་འགྱུར [5]
འདུ	འདུས	འདུ་བར་འགྱུར [6]

On le supprime fréquemment au prétérit, comme :

Indic. prés.	Prétérit.	Futur.
འཁྱེར	ཁྱེར	འཁྱེར་བར་འགྱུར [7]
འཁྲིད	ཁྲིད	འཁྲིད་བར་འགྱུར [8]
འགས	གས	འགས་པར་འགྱུར [9]
འགྱུར	གྱུར	འགྱུར་བར་འགྱུར [10]
འཛད	ཟད	འཛད་པར་འགྱུར [11]

འ préfixe est employé seulement au présent de la plupart des verbes; l'impératif l'emploie quelquefois par exception (voyez les n°ˢ 1 à 10).

---

[1] v. n. Adhérer, être collé. — [2] v. n. Être troublé, agité. — [3] v. n. S'arrêter, être tranquille, calme. — [4] v. a. Boire. — [5] v. n. Passer; mourir; dépasser. — [6] v. n. S'assembler.

[7] v. a. Porter. — [8] v. a. Conduire. — [9] v. n. Être fendu. — [10] v. n. Devenir; changer. — [11] v. n. Être entièrement épuisé; manquer.

Un grand nombre de formes actives sont dérivées des neutres, de la manière suivante :

Indicatif présent.	Prétérit.	Futur.
De འཁུམ	ཁུམས	འཁུམ་པར་འགྱུར ¹
བསྐུམ	བསྐུམས	བསྐུམ ²
De འགོད	འགོད་ཅིན	འགོད་པར་འགྱུར ³
འགོད	བགོད	དགོད ⁴
De འཁོར	འཁོར་ཅིན	འཁོར་པར་འགྱུར ⁵
སྐོར	བསྐོར་ཅིན	བསྐོར ⁶
De འགས	གས	འགས་པར་འགྱུར ⁷
འགེས	བགས	དགས ⁸
De འགག	འགགས	འགག་པར་འགྱུར ⁹
འགེགས	བགག	དགག ¹⁰
De འགུམ	གུམ	འགུམ ou གུམ་པར་འགྱུར *¹¹
འགུམ ou འགུམ་པར་བྱེད	བགུམ	དགུམ ¹²

---

¹ v. n. Se contracter. — ² v. a. Contracter. — ³ v. n. Être fixé. — ⁴ v. a. Fixer, placer; bâtir. — ⁵ v. n. Aller, tourner, se promener alentour. — ⁶ v. a. Tourner autour; environner, entourer. — ⁷ v. n. Être fendu. — ⁸ v. a. Fendre. — ⁹ v. n. Être empêché. — ¹⁰ v. a. Empêcher. — ¹¹ v. n. Mourir, périr, être éteint. — ¹² v. a. Détruire, tuer, éteindre.

* Dans les verbes neutres, le futur est souvent formé avec le prétérit, ce qui ressemble à un second futur : *sera mort*.

Indic. prés.	Prétérit.	Futur.
De འགུལ་	འགལ་བྱེད་	འགུལ་བར་འགྱུར་ [1]
བསྒུལ་	བསྒལ་བྱེད་	བསྒུལ་ [2]
De འགྱུར་	གྱུར་ ou གྱུར་བྱེད་	འགྱུར་བར་འགྱུར་ [3]
བསྒྱུར་	བསྒྱུར་བྱེད་	བསྒྱུར་ [4]
De འགྱེ་	གྱེས་	འགྱེ་བར་འགྱུར་ [5]
བགྱེད་	བགྱེས་	བགྱེ་ [6]
De འགྱེལ་	གྱེལ་ ou གྱེལ་བྱེད་	འགྱེལ་བར་འགྱུར་ [7]
བསྒྱེལ་	བསྒྱེལ་བྱེད་	བསྒྱེལ་ [8]
De འགྲིག་	འགྲིག་བྱེད་	འགྲིག་བར་འགྱུར་ [9]
བསྒྲིག་	བསྒྲིགས་	བསྒྲིག་ [10]
De འགྲིབ་	འགྲིབ་བྱེད་	འགྲིབ་བར་འགྱུར་ [11]
བསྒྲིབ་	བསྒྲིབས་	བསྒྲིབ་ [12]
De འགྲིལ་	གྲིལ་	འགྲིལ་བར་འགྱུར་ [13]
བསྒྲིལ་	བསྒྲིལ་བྱེད་	བསྒྲིལ་ [14]

---

[1] v. n. Être secoué, agité; trembler. — [2] v. a. Remuer, agiter, secouer. — [3] v. n. Changer, se transformer. — [4] v. a. Changer, transformer, traduire. — [5] v. n. Aller séparément, être éparpillé, dispersé. — [6] v. a. Éparpiller, disperser, distribuer. — [7] v. n. Être tourné sens dessus dessous. — [8] v. a. Tourner sens dessus dessous. — [9] v. n. S'accorder, être cohérent. — [10] v. a. Ajuster, composer, faire joindre. — [11] v. n. Être offusqué; diminuer. — [12] v. a. Offusquer, obscurcir. — [13] v. n. S'enrouler, se retirer. — [14] v. a. Rouler, envelopper.

Indic. prés.	Prétérit.	Futur.
De འགུབ	གུབ	འགུབ་པར་འགྱུར[1]
བསྒྲུབ	བསྒྲུབས	བསྒྲུབ[2]
De འགྲེང	འགྲེངས	འགྲེང་པར་འགྱུར[3]
བསྒྲེང	བསྒྲེངས	བསྒྲེང[4]
De འགྲོལ	གྲོལ	འགྲོལ་པར་འགྱུར[5]
འགྲོལ ou འགྲེལ	བགྲོལ	དགྲོལ[6]
སྒྲོལ	བསྒྲལ་ཐེན	བསྒྲལ[6]
De འཆག	ཆག	འཆག་པར་འགྱུར[7]
གཅོག	བཅག	གཅོག་པར་འགྱུར[8]
De འཆད	ཆད	འཆད་པར་འགྱུར[9]
གཅོད	བཅད	གཅད[10]
De འབྱོན	བྱོན	འབྱོན་པར་འགྱུར[11]
འདོན	བཏོན	གདོན[12]
De འདུ	འདུས	འདུ་པར་འགྱུར[13]
སྡུད	བསྡུས	བསྡུ[14]

---

[1] v. n. Être prêt, accompli. — [2] v. a. Apprêter, accomplir. — [3] v. n. S'élever, se tenir debout. — [4] v. a. Élever, ériger. — [5] v. n. Être détaché, lâché, dénoué. — [6] v. a. Détacher, délier; expliquer; délivrer, sauver. — [7] v. n. Se briser. — [8] v. a. Briser. — [9] v. n. Être déchiré, dissous. — [10] v. a. Couper, trancher, déchirer, diviser. — [11] v. n. Sortir; être prononcé. — [12] v. a. Prononcer; jeter. — [13] v. n. Être assemblé, s'assembler. — [14] v. a. Amasser, faire collection.

Indic. prés.	Prétérit.	Futur.
De འདུམ	དུམ	འདུམ་པར་འགྱུར [1]
སྡུམས	བསྡུམས	བསྡུམ [2]
De འཕེལ	ཕེལ ou ཕེལ་ཞིན	འཕེལ་པར་འགྱུར [3]
སྤེལ	སྤེལ་ཞིན	སྤེལ་པར་འགྱུར [4]
De འཕོ	འཕོས	འཕོ་པར་འགྱུར [5]
སྤོ	སྤོས	སྤོ་པར་འགྱུར [6]
De འབྲལ	བྲལ	འབྲལ་པར་འགྱུར [7]
འཕྲལ	ཕྲལ	དབྲལ [8]
De འབྲི	བྲི	འབྲི་པར་འགྱུར [9]
འབྲི	བྲི	དབྲི [10]
De འབབ	བབ ou བབས	འབབ་པར་འགྱུར [11]
འབེབས	ཕབ	དབབ [12]
De འབྱུར	བྱུར	འབྱུར་པར་འགྱུར [13]
འབྱིན	བྱུར	དབྱུར [14]

---

[1] v. n. S'accorder, être d'accord. — [2] v. a. Faire accorder, réconcilier. — [3] v. n. S'augmenter, s'accroître. — [4] v. a. Augmenter. — [5] v. n. Changer de place, changer, transmigrer. — [6] v. a. Changer de place, changer. — [7] v. n. Être séparé. — [8] v. a. Séparer. — [9] v. n. S'amoindrir, diminuer. — [10] v. a. Diminuer, soustraire. — [11] v. n. Descendre, tomber, couler. — [12] v. a. Faire descendre, mettre en bas. — [13] v. n. Être produit; se produire, être, devenir. — [14] v. a. Tirer, retirer de.

Indic. prés.	Prétérit.	Futur.
De འབྱེ	བྱེ	འབྱེ་བར་འགྱུར [1]
འབྱེད	བྱེ	དབྱེ [2]
De འཇོག	བཞག	འཇོག་བར་འགྱུར [3]
འཚོག	བཙོགས	བཙོག ou གཙོག [4]
De སྐྱེ	སྐྱེས	སྐྱེ་བར་འགྱུར [5]
བསྐྱེད	བསྐྱེད་ཉེར	བསྐྱེད [6]
De ནུབ	ནུབ་ཉེར	ནུབ་བར་འགྱུར [7]
བསྣུབ	བསྣུབས	བསྣུབ [8]

D'après ces exemples, le lecteur peut voir par quelles additions ou transformations les verbes actifs sont ordinairement dérivés des neutres. Dans bien des cas, le neutre et l'actif sont prononcés de même, quoique différant considérablement par l'orthographe.

III.

(*Grammaire* de Csoma de Körös, p. 32.)

Pour désigner les diverses parties du corps, les mets et les breuvages, les vêtements, les parures et les diffé-

---

[1] v. n. S'ouvrir, être divisé, séparé. — [2] v. a. Ouvrir, séparer, analyser. — [3] v. n. Goutter, tomber en goutte. — [4] v. a. Filtrer, faire tomber goutte à goutte. — [5] v. n. Être produit, naître. — [6] v. a. Engendrer, produire. — [7] v. n. Se coucher; s'enfoncer. — [8] v. a. Abolir, détruire.

rentes actions des hommes, les Tibétains, quand ils parlent avec respect à, de ou devant leurs supérieurs, emploient des termes autres que ceux du langage ordinaire. Comme ces expressions, usitées dans la conversation, se présentent aussi dans les livres, le tableau suivant servira à montrer la différence du langage respectueux (ཞེ་སའི་སྐད་ *jé sahi skad*) au langage vulgaire (མཉན་གཏམ་ *mñan gtam*) employé avec des égaux.

Terme respectueux.	Terme vulgaire.
ཡབ་ « père »………………………………	ཕ་
ཡུམ་ « mère »………………………………	མ་
སྲས་ « fils »………………………………	བུ་
སྲས་མོ་ « fille »………………………………	བུ་མོ་
མཚན་ « nom »………………………………	མིང་
སྐུ་ « personne, corps »………………………	གཟུགས་པོ་
སྐུ་གཟུགས་ « le corps »………………………	གཟུགས་པོ་
སྐུ་ལུས་ « le corps »………………………	ལུས་པོ་
སྐུ་སྟོད་ « la partie supérieure du corps »……	ལུས་སྟོད་
སྐུ་སྨད་ « la partie inférieure du corps »……	ལུས་སྨད་
སྐུ་རྒྱབ་ « le dos »………………………………	རྒྱབ་
སྐུ་བྱང་ « la poitrine »……………………	བྱང་
སྐུ་གྲོ་ « le ventre »………………………	གྲོ་བ་
སྐུ་ཤ་ « la chair du corps »…………………	ཤ་
སྐུ་མཚལ་ « le sang »………………………	ཁྲག་
སྐུ་གདུང་ « les os, les reliques »………………	རུས་པ་

Terme respectueux.		Terme vulgaire.
སྐུ་ཚེ་	«l'âge de quelqu'un»	ཚེ་
སྐུ་མཁར་	«résidence d'un grand personnage, château»	མཁར་

Beaucoup d'autres mots, désignant les parties du corps, ou relatifs à un grand personnage, peuvent être formés de la même manière, en les faisant précéder du mot སྐུ་ *skou*.

Terme respectueux.		Terme vulgaire.
དབུ་	«la tête»	མགོ་
དབུ་སྐྲ་	«les cheveux de la tête»	སྐྲ་
དབུ་ན་	«bonnet, chapeau»	ཞྭ་མོ་
དབུ་ཐོད་	«turban, couronne»	ཐོད་
དབུ་མཛད་	«président, chef»	འགོ་བ་
དབུ་ཅན་	«lettre capitale (à tête)»	མགོ་ཅན་
དབུ་མེད་	«petite lettre (sans tête)»	མགོ་མེད་
དབུ་ཆེན་	«maître, chef, officier supérieur»	འགོ་བ་ཆེན་པོ་
དབུ་ཆུང་	«sous-officier»	འགོ་བ་ཆུང་བ་
ཞལ་གདོང་	«la face»	གདོང་པ་
ཞལ་	«la bouche»	ཁ་
ཞལ་ཕྱགས་	«la lèvre»	ཁ་ཕྱགས་
ཞལ་ཆུས་ ཞལ་ཟས་	«mets, nourriture»	ཟས་ ou ཁ་ཟས་
ཞལ་སྐོམ་	«breuvage»	སྐོམ་
ཞལ་བཞེད་	«crachoir»	མཆིལ་སྦོར་

Terme respectueux.		Terme vulgaire.
ཞལ་ཆེམས་	« testament, dernière volonté »	ཁ་ཆེམས་
ཞལ་གདམས་	« avis, conseil »	གདམས། བ
ཆེམས་	« dent »	སོ
ཆེམས་ཤིང་	« cure-dent »	སོ་ཤིང་
ལྗགས་	« la langue »	ལྕེ
ལྗགས་ཆབ་	« crachat, salive »	མཆིལ་མ
ལྗགས་ཀྱི་མཆིལ་མ་	« crachat, salive »	མཆིལ་མ
ལྗགས་རྩེ་	« le bout de la langue »	ལྕེ་རྩེ
ལྗགས་རྩ་	« la racine de la langue »	ལྕེ་རྩ
གདངས་	« le nez »	སྣ
གདངས་སྣ་	« le nez »	སྣ
གདངས་རྩེ་	« le bout du nez »	སྣ་རྩེ
གདངས་ཁུང་	« les narines »	སྣ་ཁུང་
སྤྱན་	« l'œil »	མིག
སྤྱན་འབྲས་	« la prunelle de l'œil »	མིག་འབྲས
སྤྱན་གཤོག་	« les cils »	མིག་གཤོག
སྤྱན་ཕྱབས་	« la paupière »	མིག་ལྤགས
སྙན་	« l'oreille »	རྣ་བ
སྙན་ཁུང་	« le tuyau de l'oreille »	རྣ་ཁུང་
སྙན་ཤལ་	« le plat de l'oreille »	རྣ་ཤལ
སྙན་གསན་	« entendre avec l'oreille »	རྣ་ཐོས
ཕྱག་	« la main »	ལག། བ
ཕྱག་གཡས་	« la main droite »	ལག་གཡས
ཕྱག་གཡོན་	« la main gauche »	ལག་གཡོན

Terme respectueux.		Terme vulgaire.
ཕྱག་དར་	« le poignet »	ལག་དར་
ཕྱག་དབྱུང་	« l'avant-bras »	དབྱུང་བ
ཕྱག་སོར་	« le doigt de la main »	ལག་སོར་, སོར་མོ
ཕྱག་མཛུབ་	« l'index »	མཛུབ་མོ
ཕྱག་སེན་	« les ongles de la main »	སེན་མོ
ཕྱག་བྲིས་	« manuscrit »	ལག་བྲིས་
ཕྱག་དཔེ་	« livre, manuel »	དཔེ་ཆ ou དཔེ་
ཕྱག་ན་རྡོ་རྗེ་	(en sanscrit : *Vadjrapâṇi* « qui a un foudre ou un sceptre à la main ») nom propre de saint	ལག་ན་རྡོ་རྗེ་
ཕྱག་འཕྱི་	« mouchoir, serviette »	ལག་འཕྱི་
ཕྱག་ཤུབས་	« gant pour la main »	ལག་ཤུབས་
ཕྱག་འཁར་	« bâton pour la promenade »	འཁར་བ
ཕྱག་ཏུ་འབུལ་བ	« donner dans la main »	ལག་པར་གཏོད་པ
ཞབས་	« le pied »	རྐང་པ
ཞབས་སོར་	« doigt du pied »	རྐང་སོར་
ཞབས་སེན་	« ongle du pied »	རྐང་སེན་
ཞབས་མཐིལ་	« la plante du pied »	རྐང་མཐིལ་
ཞབས་ཤུབས་	« des bas »	རྐང་ཤུབས་
ཞབས་ལྷམ་	« soulier, botte »	ལྷམ་
ཞབས་རྟིང་	« le talon »	རྟིང་པ
ཞབས་རྗེས་	« un vestige, un pas »	རྐང་རྗེས་
ཞབས་རྟེན་	« escabeau, tabouret »	རྐང་རྟེན་
ཞབས་བསིལ་	« eau pour laver les pieds »	རྐང་ཆུ

Terme respectueux.		Terme vulgaire.
ཞབས་འཆག་པ་ «se promener à pied »….		རྐང་པས་འགྲོ་བ ou འཆག་པ
ཞབས་ལ་འདུད་པ་ «se mettre aux pieds de quelqu'un »………………		རྐང་པ་ལ་འདུད་པ
ཐུགས་ «le cœur, l'esprit »…………		སྙིང་
ཐུགས་རྗེ་ «générosité, merci »………		སྙིང་རྗེ་
ཐུགས་རྗེ་ཅན་ «généreux »…………		སྙིང་རྗེ་ཅན་
ཐུགས་བརྩེ་བ «amour, affection »……		སྙིང་བརྩེ་བ
ཐུགས་སུག «plaisant, doux au cœur »….		སྙིང་སུག
ཐུགས་དགའ་བ «qui a le cœur réjoui »….		སྙིང་དགའ་བ
ཐུགས་འདོད་ «désir du cœur, désir »…..		འདོད་པ་
ཐུགས་ཚིམ་ «qui a le cœur ou l'esprit content; satisfait »………………		སྙིང་ཚིམ་
ཐུགས་སུན་ «ennuyeux, fastidieux »……		སུན་པོ་
མནལ་ «sommeil, repos »…………		གཉིད་
མནལ་བ་……… མནལ་གཟིམས་… མནལ་བར་མཛད་པ	«sommeiller, reposer »…	གཉིད་ལོག་པ
མནལ་ལམ་ «rêve »………………		རྨི་ལམ་
མནལ་ལམ་གཟིམས་པ «rêver »………		རྨི་ལམ་རྨི་བ ou རྨི་ལམ་མཐོང་བ
མནལ་ལྟས་ «signe, présage par un rêve »…		རྨི་ལྟས་
ཕྱིན་ལས་ «affaire, commission »……		ལས་ ou ལས་ཀ
ཕྱིན་ཡིག་ «lettre, épître »…………		ཡི་གེ་

9.

Terme respectueux.		Terme vulgaire.
ཆབ	« eau, toute chose liquide ».......	ཆུ
སྤྱན་ཆབ	« larmes des yeux »...........	མཆི་མ
ཞལ་ཆབ	« salive ».................	མཆིལ་མ
གསང་ཆབ	« urine ».................	གཅིན
ཆབ་སེར	« le liquide bilieux, la bile »....	ཆུ་སེར
ཆབ་ཁང	« le privé »...............	ཕྱགས་ས
ཆབ་སྒོ	« la porte »...............	སྒོ
ཆབ་ཤོག	« un diplôme ».............	བཀའ་ཤོག
ཆབ་ཚོད	« heure, veille; clepsydre ».....	ཆུ་ཚོད
ཆིབས	« cheval; voiture »...........	རྟ ou བཞོན་པ
ཆིབས་ར	« étable à chevaux ».........	རྟ་ར
ཆིབས་ཆག	« grain pour les chevaux ».....	རྟ་ཆག
ཆིབས་ཆས	« équipement de cheval »......	རྟ་ཆས
ཆིབས་སྒ	« selle de cheval »............	རྟ་སྒ ou སྒ
ཆིབས་སྲབ	« bride ».................	སྲབ
ཆིབས་ལ་བཅིབ་པ	« monter à cheval »......	རྟ་ལ་བཞོན་པ
ཆིབ་ལས་གཤོལ་བ	« descendre de cheval »..	རྟ་ལས་འབབ་པ
ན་བཟའ	« habit, vêtement »...........	གོས
ན་བཟའ་གསོལ་བ	« mettre un vêtement, s'habiller ».................	གོས་གོན་པ
སྙུན	« maladie ».................	ནད
སྙུན་ཅན	« malade ».................	ནད་ཅན
སྙུན་གཞི	« la cause de la maladie »......	ནད་གཞི
སྙུན་མི་མངའ་བ	« ne pas être malade »...	ནད་མེད་པ

Terme respectueux.		Terme vulgaire.

སུན་ལས་གྲོལ་བ་ « guéri d'une maladie »... དད་ལས་གྲོལ་བ་

ཞུགས་ « le feu »........................ མེ་

ཞུགས་ལ་བཞེན་བ་ « brûler dans le feu »... མེ་ལ་བསྲེག་བ་

སྱུར་ ou གྱུར་ « cadavre, corps mort »..... རོ་

སྱུར་ཁང་ « petit bâtiment où l'on brûle ou inhume les corps; tombeau »....... རོ་ཁང་

སྱུར་སྒྲོམ་ « cercueil »................... རོ་སྒྲོམ་

སྱུར་ཤིང་ « bois pour brûler un corps mort ». རོ་ཤིང་

སྱུར་བཞུ་བ་ « brûler un corps mort »..... རོ་བསྲེག་བ་

དགུང་ལོ་ « année, âge de quelqu'un »..... ལོ་

དགུང་ཟླ་ « mois »..................... ཟླ་

དགུང་ཞག་ « jour »..................... ཞག་

སྐུམ་ « chair »........................ ཤ་

བཞེས་......⎫
གསང་མ་....⎬ « repas, dîner; mets ».... ཟན་
གདུགས་ཚོད་..⎭

བཞེས་གསོལ་བ་ « prendre le repas, dîner, manger »......................... ཟན་ཟ་བ་

བཞེས་མི་གསོལ་བ་ « ne pas dîner, ne pas manger »......................... ཟན་མི་ཟ་བ་

བཞུགས, མཆིས⎫   ⎧འདུག
མངའ, གདའ..⎬ (voyez n° 78)......... ⎨ཡིན
ལགས, འཆལ..⎮   ⎮ཡོད
མད, མོད...⎭   ⎩གནས

Terme respectueux.		Terme vulgaire.
མཛད་པ་	« faire »	བྱེད
བགྱིད་པ་	« faire » (voyez n° 84)	བྱེད
བལྟམས་པ་ སྐུ་བལྟམས་པ་ འཁྲུངས་པ་	} « né »	སྐྱེས་པ། བཙས་པ་
བཞེས་པ་	« exister, vivre »	འཚོ་བ་
འགོངས་པ་	« mourir »	འཆི་བ་ ou ཤི་བ་
གཤེགས་པ་ བདེ་བར་གཤེགས་པ་ [1] གནམ་དུ་གཤེགས་པ་ ཞི་བར་གཤེགས་པ་ ཞིང་ལ་ཕེབ་པ་ སྐུ་གོངས་པ་	} « mourir, être décédé »	འགུམ ou གུམ་བ་
བགྲེ་བ་	« devenir vieux »	རྒས་པར་འགྱུར་བ་
གསུང་བ་ མོལ་བ་ བཀའ་སྩལ་བ་	} « dire, ordonner, commander ».	ཟེར་བ་ ou སྨྲ་བ་
གསན་པ་	« entendre, écouter »	ཉན་པ་
གསན་པ་	« entendre, comprendre »	ཐོས་པ་
བཞུགས་པ་	« être, se trouver »	འདུག་པ་
བཞེངས་པ་	« se tenir debout »	འགྲེང་བ་

---

[1] Cette expression représente aussi le sanscrit *Sougata,* épithète des Bouddhas.

Terme respectueux.	Terme vulgaire.
མནལ་བ་ « être couché, s'appuyer »........	ཉལ་བ་
འཆག་པ་ « se promener ».............	འགྱུལ་བ་
བཞུད་པ་ « partir ».................	འདོར་བ་
གཤེགས་པ་ « s'en aller, aller ».........	འགྲོ་བ་, སོང་བ་
འབྱོན་པ་ « venir, arriver »...........	ཡོང་བ་
ཞེབ་པ་ « arriver »................	སླེབ་བ་
བསྐྱེད་པ་ « engendrer, produire »......	བསྐྱེད་བ་
སྩལ་བ་ « donner »................	གཏོང་བ་
གནང་བ་ « accorder, donner »........	གཏོང་བ་
བསྩམ་པ་ « prendre, revêtir ».........	ཞེན་བ་, བྱུང་བ་; གོན་བ་
བཞེས་པ་ « accepter, recevoir de »......	བྱུང་བ་
བཀའ་མཆིད་མཛད་པ་ « discourir »........	བྱེད་བ་
དགོངས་འགྲེལ་ « commentaire ».......	འགྲེལ་བ་
གཟིགས་པ་ « voir, regarder ».........	བལྟ་བ་, མཐོང་བ་
མཁྱེན་པ་ « connaître, comprendre ».....	ཤེས་བ་, རིག་བ་
གཟིམ་པ་ « dormir, reposer »........	ཉལ་བ་ / གཉིད་ལོག་བ་
མཉེལ་བ་ / སྐུ་ངལ་བ་ « être fatigué »...........	ངལ་བ་
སྙགས་པ་ « être effrayé, craindre ».....	འཇིགས་བ་
ཤུམ་པ་ « pleurer »................	ངུ་བ་
སྤྱན་འདྲེན་པ་ / སྤྱན་དྲང་བ་ « inviter, appeler »........	འབོད་བ་

Terme respectueux.		Terme vulgaire.
སྤྱན་དྲངས་པ་	« invité, appelé »............	བོས་པ་
སྤྱན་མ་དྲངས་པ་	« non invité »............	མ་བོས་པ་
སྤྱན་མ་དྲངས་པར་	« sans être invité »......	མ་བོས་པར་
ཞུ་བ་ གསོལ་བ་	« demander, prier, requérir »...	འདྲི་བ་
ཞུས་པ་, གསོལ་བ་	« demandé »........	དྲིས་པ་
འབུལ་བ་	« offrir, présenter, donner »...	གཏོང་བ་
ཕུལ་བ་	« offert, présenté, donné »......	བཏང་བ་
དབུལ་བར་བྱ་བ་	« devant être offert ».....	གཏང་བར་བྱ་བ་

IV.

ABRÉVIATIONS.

(*Grammaire* de Csoma de Körös, p. 21 et suiv.)

ཀུན་ pour ཀུན་མཁྱེན་ « omniscient, connaissant tout ».

ཀུས་.... ཀུན་ཤེས་ « omniscient, connaissant tout ».

ཀུགས་... ཀུན་གཟིགས་ « voyant tout ».

ཀུན་.... ཀུན་ནས་ « de tous côtés ».

ཀྱོབ་.... ཀུན་རྫོབ་ « tout illusoire, entièrement vain, non réel ».

ཀྱེས་.... ཀུན་དཀྲིས་ « misère, corruption naturelle ».

ཁམསུ་... ཁམས་གསུམ་ « les trois régions ou mondes ».

ཁྲོས་.... ཁུར་ཚོས་ « la joue ».

ཁྲོག་.... ཁྱུ་མཆོག་ « le chef d'un troupeau quelconque ;

un taureau, un bélier, etc. — Un Bouddha ».

ཁྱད pour ཁྱན་རིང «étendue et longueur».

ཁྱེད.... ཁྱན་མེད «sans étendue».

ཁྱོད.... ཁྱམ་སྟོད «nom d'une étoile ou constellation; le 26° astérisme lunaire (en sanscrit: *Poûrva Bhadrapada*) ».

གུག.... གུར་ཤོག «le sommet d'une tente ou sa partie supérieure».

གིག.... གུར་ཅིག «sois! soit! qu'il soit! etc.».

གུན.... གུ་འཛིན «port, hâvre».

གུན.... གུ་ཡོན «péage; salaire d'un marinier».

གུ.... གུ་བཞི «quadrangulaire; place carrée».

གུབ.... གུབ་མཐོ «celui qui a atteint la perfection suprême; un sage, un saint».

གྲོར.... གྲོར་ཁྱེར «cité, ville».

གྲམ.... གྲགས་པམ «volume, livre».

གཙལ... གཙོ་གལ «chose importante; affaire».

གཏིར... གཏུན་ཤིང «un pilon».

གཏུམ... གཏུམ་པོ «féroce, cruel».

གདིན... གདུང་རྟེན «niche où l'on dépose des reliques».

གདོན... གདུང་འཛིན «niche où l'on dépose des reliques».

གདུབ... གདུབ་བྲ «bracelet, anneau; ornement».

གཙོར... གཙུག་ཏོར «bandeau pour la tête; excroissance sur la tête».

གཏུག pour གཏུ་ཐོག «toit voûté».

གཏུམས... གཏུ་འདོམས «une brasse».

གཞོན.... གཞོན་ནུ «jeune, jeune homme».

གཟེར..... གཟ་ཤེར «levier, barre».

གཟོ..... གཟ་བོ «droit, juste».

གཟུགས་ནད གཟུགས་གིས་ནད «il souffre, est en peine».

གཟེར..... གཟུགས་ཟེར ou གཟེར «peine, douleur».

གཟུགས་སྐུ... གཟུགས་སྐུ «l'image d'un Bouddha».

གཟུགས་ལུགས... གཟུགས་ལུགས «un beau corps».

གཟུགས་མེད..... གཟུགས་མེད «sans corps, immatériel».

གསུང..... གསུང་རབ «précepte en chef; l'écriture sacrée».

རོག...... དུར་སྨྲུག «couleur rouge pâle; vêtement de cette couleur».

ཆས...... ཆ་ཤས «part, portion».

ཆུལ..... ཆུ་དཀྱིལ «le milieu de la rivière».

ཆུད..... ཆུ་སྣོད «vaisseau, vase pour l'eau».

ཆུན..... ཆུ་སྲིན «crocodile, dauphin, espèce de poisson fabuleux».

ཆུལ..... ཆོ་འཕྲུལ «transformation miraculeuse de soi-même».

ཉི...... ཉི་ཤུ «vingt».

ཉིར..... ཉིར་གུང «midi».

ཉོངས..... ཉོན་མོངས «misère, péché».

ཏིངོན..... ཏིང་ངེ་འཛིན «méditation profonde, extase».

ཐ་བ..... ཡམས་བ «entier, intégral».

ཨིད྄ pour ཨམས྄ཅད྄ «tout, le tout».

ཇིན, ཇིགས྄. བགས྄རྗེ «générosité, libéralité».

ཇོན, ཇིགས྄. བགས྄བསྟེ «merci, affection, amour».

ཐུན྄..... ཐུན྄བཞི «les quatre veilles de la nuit».

དེཞིནཔ..... དེ་བཞིན་གཤེགས་པ «un Tathâgata».

དུས྄..... དུས྄སུ «dans le temps, au temps de».

དྲང྄..... དྲང་སྲོང «ermite, Richi».

དྲིག..... དྲང་ཡིག «secrétaire, clerc, expéditionnaire».

དཀོལ..... དཀར་ཡོལ «porcelaine de Chine, porcelaine».

དཀོག..... དཀོན་མཆོག «Dieu».

དཀོར..... དཀོར་ནོར «richesses, trésors».

དཀྱིར..... དཀྱིལ་འཁོར «cercle (en sanscrit: mandala)».

དགྱུག..... དགུང་ཤིག «la ligne du méridien».

དགྱེན..... དགེ་འདུན «le clergé, les prêtres».

དགོང..... དགེ་སློང «religieux, moine».

དགེགས྄... དགེ་ལུགས྄ «bonnes mœurs».

དངོབ..... དངོས྄གྱབ «naturel, réel».

དཔལྱན྄.... དཔལ་ལྡན «noble, illustre».

དཕོགས྄... དཕུར་ཚོགས྄ «troupes assemblées, armée».

དབུག..... དབར་ཕྱུག «le dieu suprême, Içvara».

དབོར྄..... དབུ་ཐོད྄ «turban, couronne».

དམོན..... དམག་དཔོན «général d'armée».

དམྱང྄..... དམག་དཔུང྄ «troupe de soldats».

ནམཁའ.... ནམ་མཁའ «le ciel, le vide de l'air».

ནུགས྄..... ནུབ་ཕྱོགས྄ «la région du couchant, l'occident».

རིན pour རིན་བུ «pierre précieuse, joyau».

ཕྱིན...... ཕྱོགས «région».

ཕྱོགས.... ཕུན་ཚོགས «parfait, accompli».

ཕྱོ...... ཕྱག་འཚལ་ལོ «salut à; je salue, etc.».

བྱས...... བྱེད་ལས «affaire; commission».

བྱུང...... བུད་ཤིང «bois à brûler, combustible».

བྱེད...... བུད་མེད «le sexe féminin; une femme».

བྱུང...... བོང་བུ «âne».

བྱོགས.... བྱ་ཚོགས «une volée d'oiseaux».

བྱོགས.... བྱང་ཕྱོགས «la région du nord».

བྱུབ...... བྱང་ཆུབ «la sainteté».

བྱང་ཆུབས་དཔའ བྱང་ཆུབ་སེམས་དཔའ «un *Bôdhisattva*, un homme destiné à devenir Bouddha».

བྱུར...... བྱོལ་སོང «bête, quadrupède».

བྲམ...... བྲམ་ཟེ «un brahmane».

བླུན...... བླུན་པོ «un idiot, un fou».

བློས...... བློ་གྲོས «prudence, intelligence».

བློན...... བློན་པོ «officier, magistrat, conseiller».

བགྱིས..... བཀྲ་ཤིས «bénédiction; gloire».

བཅུག..... བཅུ་གཅིག «onze».

བཅུས..... བཅུ་གཉིས «douze».

བཅུམ..... བཅུ་གསུམ «treize».

བཅུ...... བཅུ་བཞི «quatorze».

བཅུག..... བཅུ་དྲུག «seize».

བཅུན..... བཅུ་བདུན «dix-sept».

བཅུད་ pour བཅོ་བརྒྱད་ « dix-huit ».
བཅོན་ ..... བཅོམ་ལྡན་ « Bhagavat ».
བཅོནས་ .... བཅོམ་ལྡན་འདས་ « Bhagavat ».
བསྣུར་ ..... བསྙེན་བཀུར་ « respect, révérence; civilité, politesse ».
བདེགས་ ..... བདེ་གཤེགས་ « Sougata, épithète des Bouddhas ».
བདུད་ ..... བདུད་རྩི་ « la nourriture des dieux; nectar, ambroisie ».
བདོས་ ..... བདུག་སྤོས་ « toute substance odoriférante; encens ».
བསྲལ་ ..... སྡུག་བསྔལ་ « misère, souffrance, affliction ».
བརྩོནས་ .... བརྩོན་འགྲུས་ « industrie; grande application ».
བསོདས་ .... བསོད་ནམས་ « mérite moral; bonheur ».
བསྦོངས་ ... བསོད་སྦྱོམས་ « aumônes ».
དམར་ ..... མིག་དམར་ « la planète Mars ».
སྟེགས་ ..... མུ་སྟེགས་ « Tîrthika, non bouddhiste ».
མུ ...... མུ་གེ་ « famine ».
སྨེན་ ..... མུ་མེན་ « lapis-lazuli ou malachite ».
མྱིག་ ..... མུ་ཏིག་ « perle ».
མེག་ ...... མེ་ཏོག་ « fleur ».
མོང་ ...... མེ་ལོང་ « miroir ».
མུན་ ..... སྨུ་རན་ « misère ».
མཁའགྲོ་ .... མཁའ་འགྲོ་ « magicienne; vampire (en sanscrit: Dâkinî) ».
མཆོན་ ..... མཆོད་རྟེན་ « chapelle (en sanscrit: tchâitya) ».

མཉེད་ pour མཉན་ཡོད་ « Çrâvastî, nom de ville ».
མཐའ..... མཐའ་འཁོབ་ « contrée barbare ».
མཐར..... མཐར་ཕྱིན་ « parfait, arrivé à la perfection, fini; émancipé ».
མཐུན..... མཐུན་མོང་ « commun ».
མཐོང..... མཐེ་བོང་ « le pouce ».
མཐོས..... མཐོ་རིས་ « le paradis (en sanscrit: *svarga*) ».
མཚོད..... མཚན་ཉིད་ « signe distinctif, criterium ».
ཙན་.... ཙན་དན་ « bois de sandal ».
ཆུལ་ལྡན.... ཆུལ་ལྡན་ « régulier ».
ཆུམས.... ཆུལ་ཁྲིམས་ « moralité, bonnes mœurs ».
འོར...... འོད་ཟེར་ « rayon de lumière ».
འོདཀར.... འོད་དཀར་ « lumière blanche ».
ཡི........ ཡི་གེ་ « lettre, épître ».
ཡིནམ..... ཡིན་ནམ་ « est-il? y a-t-il? ».
ཡནག..... ཡན་ལག་ « membre ».
ཡེས...... ཡེ་ཤེས་ « prescience, sagesse ».
ཡོན...... ཡོན་ཏན་ « bonne qualité ».
རིན་...... རིན་ཆེན་ « précieux, de grande valeur, métal précieux ».
རོལ...... རོང་ཡུལ་ « contrée remplie de défilés ».
རྒྱ་...... རྒྱ་མཚོ་ « la mer, l'Océan ».
རྒྱལ..... རྒྱལ་པོ་ « roi, prince ».
རྒུམ..... རྒུན་འབྲུམ་ « raisin ».
རྗེན..... རྗེ་བཙུན་ « révérend; titre d'honneur ».

APPENDICES. — IV. 143

རྗེ་ pour རྡོ་རྗེ་ « foudre; sceptre; diamant (en sanscrit: *vadjra*) ».

རྟོགས་ . . . རྣམ་ཤེས་ « connaissance ».

རྣམགྲངས་ . . . རྣམ་གྲངས་ « énumération, spécification; développement ».

རྣམས་ . . . རྣམས་ « signe du pluriel ».

རྫུལ་ . . . རྫུ་འཕྲུལ་ « transformation miraculeuse; jonglerie ».

རྫུས་ . . . རྫུས་སྐྱེས་ « né d'une manière miraculeuse, surnaturelle ».

ལེགསྦྱར་ . . . ལེགས་སྦྱར་ « composition élégante; sanscrit ».

ནོར་སྤྱོད་ . . . ནོར་སྤྱོད་ « richesses, biens ».

ནོར་སྤྲུ་ . . . ནོར་སྤྲུ་ « personne émanée d'une divinité ».

ལྕགས་ . . . ལྕགས་ « fer; chaînes ».

ལྕགསྒྲོག་ . . . ལྕགས་སྒྲོག་ « chaînes de fer pour mettre aux mains et aux pieds d'un criminel ».

ཤེས་ . . . ཤེས་རབ་ « esprit, intelligence ».

ཤེས་ . . . ཤེས་བྱ་ « ce qu'il faut connaître; la science, l'instruction ».

སངས་ . . . སངས་རྒྱས་ « l'être le plus parfait, un Bouddha ».

སེང་ . . . སེང་གེ་ « le lion ».

སེམ་ ou སེམས་. སེམས་ « l'âme ».

སེན་ . . . སེམས་ཅན་ « un être animé ».

སོདཔ་ . . . སེམས་དཔའ་ « une âme vaillante, un saint ».

སོབ་ . . . སོ་སོ་བ་ « différent, varié ».

སོར་ pour སོ་སོར་ « différemment, à part, diversement ».

སོའི་ཤེག... སོམས་ཤེག « qu'il pense ! qu'il réfléchisse ! ».

སློན་ ...... སློབ་དཔོན་ « maître, professeur ».

སློད་ ..... སློབ་འདོད་ « désireux d'apprendre ».

སྡིན་ ..... སྡིག་སྲིན་ « scorpion ».

སྣགས་ ..... སྣ་ཚོགས་ « de toutes sortes, varié ».

སྡིབ་ ..... སྡིགས་མཛུབ་ « un doigt menaçant ».

སྤྱས་གཟིགས་ སྤྱན་རས་གཟིགས་ «(prononcé vulgairement: Tchenrézi) nom de saint (en sanscrit: Avalôkitêçvara) ».

སྦྱིར་ ..... སྦྱར་རྩི་ « miel ».

སྦྱིག་ ..... སྦྱན་ཅིག་ « ensemble ».

སྦྱས་ ..... སྦྱན་རྒྱས་ « collègue dans un emploi (qui se sert du même sceau que son collègue) ».

ལྷོགས་ ..... ལྷོ་ཕྱོགས་ « la région du sud, le midi ».

NOMS ET MOTS ABRÉGÉS SANS DÉPLACEMENTS DE SIGNES.

དཔོན་སློབ་ pour སློབ་དཔོན་དང་སློབ་མ་ « le maître et l'élève ».

ལོ་པཎ་ ...... ལོ་ཙཱ་བ་དང་པཎྜི་ཏ་ « Lotsâva (interprète) et Pandit ».

ས་པཎ་ ...... ས་སྐྱ་པཎྜི་ཏ་ « le Pandit Sa-skya, savant, poëte, et Lama célèbre du Tibet, qui vivait au XIIIᵉ siècle ».

རྒྱལ་བློན་ ... རྒྱལ་པོ་དང་བློན་པོ་ « le roi et les officiers ou ministres ».

APPENDICES. — IV.

བློན་འབངས་ pour བློན་པོ་དང་འབངས་འཁོར་ « les officiers et les sujets ou le peuple ».

སྣང་མུན་ ...... སྣང་བ་དང་མུན་པ་ « lumière et obscurité ».

ཉིན་མཚན་ ...... ཉིན་མོ་དང་མཚན་མོ་ « jour et nuit ».

ས་གནམ་ ...... ས་གཞི་དང་གནམ་ག་ « terre et ciel ».

ཁྱོ་ཤུག་ ...... ཁྱོ་དང་ཆུང་མ་ « mari et femme ».

ཕ་སྲད་ ...... ཕ་དང་བུ་ « le père et l'enfant ».

མ་སྲད་ ...... མ་དང་བུ་ « la mère et l'enfant ».

ཚ་ཞང་ ...... ཚ་བོ་དང་ཞང་པོ་ « petit-neveu et grand-oncle maternel ».

མེས་དབོན་ ...... མེས་པོ་དང་ཚ་བོ་ « grand-père et petit-fils ».

བཅད་ལྷུག་ ...... ཚིགས་བཅད་དང་ལྷུག་མ་ « vers et prose ».

བཀའ་བསྟན་ ...... བཀའ་དང་བསྟན་བཅོས་ « les recueils de la Loi bouddhique appelés *Kandjour* et *Tandjour* ».

རྒྱ་བོད་ ...... རྒྱ་གར་དང་བོད་ « l'Inde et le Tibet ».

རྒྱ་བོད་ ...... རྒྱ་ནག་དང་བོད་ « la Chine et le Tibet ».

དགེ་སྡིག་ ...... དགེ་བ་དང་སྡིག་བ་ « vertu et vice ».

བསག་སྦྱར་ ...... ཆོགས་བསག་པ་དང་སྡིག་པ་སྦྱང་བ་ « acquisition de vertus et purification de vices ».

བླ་སློབ་ ...... བླ་མ་དང་སློབ་མ་ « le Lama (en sanscrit : *Gourou*) et son disciple ».

འགྲོ་སྡོད་ ...... འགྲོ་བ་དང་སྡོད་པ་ « aller et s'arrêter ».

ཚེ་བསོད་ ...... ཚེ་དང་བསོད་ནམས་ « la vie et les bonnes œuvres ».

གསོན་གཤིན་ pour གསོན་པོ་དང་གཤིན་པོ་ « les vivants et les morts ».

བྲིས་པར་...... བྲིས་པ་དང་པར་མ་ « livre manuscrit et livre imprimé ».

སྨྱུག་སྦྱུག་..... སྨྱུག་ཚ་དང་སྦྱུག་གུ་ « encre et calame (ou plume) ».

སྨྱུག་ཤོག་..... སྨྱུག་ཚ་དང་ཤོག་བུ་ « encre et papier ».

ཡབ་སྲས་...... ཡབ་དང་སྲས་ ou བླ་མ་དང་སློབ་མ་ « père et fils ou maître et élève ».

འཁོར་འདས་.... འཁོར་བ་དང་མྱང་འདས་ « la transmigration et la délivrance finale (où cesse la transmigration) ».

V.

MANIÈRE DE COMPTER LE TEMPS.

(*Grammaire* de Csoma, p. 147 et suiv.)

Les Tibétains, ayant tiré leurs connaissances astronomiques et astrologiques des sources indiennes et chinoises, emploient, par cette raison, différentes manières de mesurer et de compter le temps. Le système d'astronomie et de chronologie formé d'après celui des Indiens est appelé དཀར་ (ou སྐར་) རྩིས *dkar rtsis* (littéralement : *calcul blanc* ou *calcul des astres*) ; les calculs astrologiques et la manière de compter les années suivant la méthode chinoise sont appelés ནག་རྩིས་ *nag rtsis* (*calcul noir*). Il y a au Tibet beaucoup de livres expliquant les particularités des différents systèmes.

La manière la plus commune de compter le temps, spécialement en calculant les années de la génération présente, ou pour préciser l'âge des individus, est celle du cycle de douze ans, dans lequel chaque année est désignée par un animal, dans l'ordre suivant :

CYCLE DE DOUZE ANS.

1. བྱི་ལོ་ « l'année de la souris ».
2. གླང་ལོ་ « l'année du bœuf ».
3. སྟག་ལོ་ « l'année du tigre ».
4. ཡོས་ལོ་ « l'année du lièvre ».
5. འབྲུག་ལོ་ « l'année du dragon ».
6. སྦྲུལ་ལོ་ « l'année du serpent ».
7. རྟ་ལོ་ « l'année du cheval ».
8. ལུག་ལོ་ « l'année du mouton ».
9. སྤྲེ་ལོ་ « l'année du singe ».
10. བྱ་ལོ་ « l'année de l'oiseau ».
11. ཁྱི་ལོ་ « l'année du chien ».
12. ཕག་ལོ་ « l'année du porc ».

Mais, dans les livres, la correspondance et toutes les transactions de quelque importance, les Tibétains se servent généralement du cycle de soixante ans, qui s'emploie de deux manières, suivant la méthode indienne et suivant la méthode chinoise. On trouvera plus bas ces deux méthodes.

Les années du cycle indien de soixante ans, comme on les compte dans l'Inde, au sud de la rivière Nermada, coïncident exactement avec l'ère tibétaine, à cette exception près, que les Tibétains ont traduit littéralement les noms sanscrits dans leur langue et qu'ils comptent le commencement du premier cycle en partant d'une époque plus récente que celle qui est en usage chez les Hindous, suivant le colonel Warren (*Chronol.* tab. xxi).

L'année 1834 (celle où Csoma écrivait), appelée en sanscrit *djaya*, en tibétain རྒྱལ་བ་ « victoire » ou « victorieux », est, dans le sud de l'Inde, de même qu'au Tibet, la vingt-huitième de ce cycle. C'est, au Tibet, la vingt-huitième année du quatorzième cycle, en comptant le commencement du premier cycle à partir de l'an 1026 de l'ère chrétienne; mais les Indiens datent le commencement du premier cycle d'une époque antérieure, quelquefois en partant du *Kaliyouga* et quelquefois du règne de *Çâlivâhana*.

Afin de conserver la correspondance entre les années du cycle chinois et du cycle indien, les Tibétains désignent comme la première la quatrième année du cycle chinois (voir les chiffres à la droite du dernier tableau), probablement parce que ce cycle était généralement en usage quand ils adoptèrent le calendrier et les computations de l'Inde.

Les Tibétains, comme les Chinois, divisent l'année en mois lunaires, qu'ils appellent le premier mois, le second mois, etc. et, tant que dure la période d'un cycle lunaire (de dix-neuf années solaires), ils ajoutent sept mois intercalaires, généralement un à chaque troisième année, pour les faire concorder avec les années solaires. De fait, leurs calculs correspondent exactement au système luni-solaire des Hindous, qui est expliqué en détail dans l'ouvrage du colonel Warren cité plus haut.

Le cycle chinois de soixante ans diffère du cycle indien dans la manière de nommer les années; le dernier a un nom distinct pour chaque année de la série, tandis que le premier nomme les siennes en combinant les noms de cinq éléments (amenés au nombre de dix en leur donnant la terminaison du masculin et du féminin) en séries régulières, avec les noms des animaux du Zodiaque du cycle de douze ans. La série de dix est répétée six fois, tandis que celle de douze ne l'est que cinq fois pendant les soixante ans, ce qui amène une combinaison différente pour chaque année du cycle.

Voici les noms de cinq éléments répétés avec les terminaisons du masculin et du féminin.

LES DIX ÉLÉMENTS.

Chinois. Tibétain.

1. 𝄞 .... ༄༅ « bois » (*masc.*).

Chinois.	Tibétain.
2. 乙	ཤིང་མོ་ «bois» (*fém.*).
3. 丙	མེ་བོ་ «feu» (*masc.*).
4. 丁	མེ་མོ་ «feu» (*fém.*).
5. 戊	ས་བོ་ «terre» (*masc.*).
6. 己	ས་མོ་ «terre» (*fém.*).
7. 庚	ལྕགས་བོ་ «fer» (*masc.*).
8. 辛	ལྕགས་མོ་ «fer» (*fém.*).
9. 壬	ཆུ་བོ་ «eau» (*masc.*).
10. 癸	ཆུ་མོ་ «eau» (*fém.*).

LES DOUZE ANIMAUX OU SIGNES DU ZODIAQUE.

Chinois.	Tibétain.
1. 子	བྱི་ «souris».
2. 丑	གླང་ «bœuf».
3. 寅	སྟག་ «tigre».
4. 卯	ཡོས་ «lièvre».
5. 辰	འབྲུག་ «dragon».
6. 巳	སྦྲུལ་ «serpent».
7. 午	རྟ་ «cheval».
8. 未	ལུག་ «mouton».
9. 申	སྤྲེའུ་ «singe».
10. 酉	བྱ་ «oiseau».
11. 戌	ཁྱི་ «chien».
12. 亥	ཕག་ «porc».

Remarquez que les animaux du cycle de douze ans doivent être pris alternativement mâles et femelles, pour s'accorder avec le genre des éléments; ainsi l'on dit : ཤ་བྱི་, མོ་གླང་, ཤ་སྟག་, མོ་ཡོས་, etc. Après cinq ou dix éléments, on introduit fréquemment aussi les désinences ཤ «mâle» et མོ «femelle», de cette manière : ཤིང་ཕོ་བྱི་, ཤིང་མོ་གླང་, མེ་ཕོ་སྟག་, མེ་མོ་ཡོས་, etc. Mais on peut les omettre à volonté, sans danger d'amener de l'obscurité, puisque les noms des douze animaux sont toujours accouplés avec des éléments différents dans toute la série.

VRĬHASPATITCHAKRA OU CYCLE DE SOIXANTE ANS.

	Tibétain.	Sanscrit.
1.	རབ་བྱུང་	Prabhava.
2.	རྣམ་འབྱུང་	Vibhava.
3.	དཀར་པོ་	Çoukla.
4.	རབ་མྱོས་	Pramôdi.
5.	སྐྱེས་བདག་	Pradjâpati.
6.	ཨཾངྒི་ར་	Añgira.
7.	དཔལ་གདོང་	Çrîmoukha.
8.	དངོས་པོ་	Bhava.
9.	ན་ཚོད་ལྡན་	Youvika.
10.	འཛིན་བྱེད་	Dhrĭtou ou Dhâtâ.
11.	དབང་ཕྱུག་	Içvara.
12.	འབྲུ་མང་པོ་	Bahoudhanya.

Tibétain.	Sanscrit.
13. སྨྲས་ལན་	Pramâdi ou Pramâthi.
14. རྣམ་གནོན་	Vikrama.
15. ཁྱུ་མཆོག་	Vrĭchabha.
16. སྣ་ཚོགས་	Tchitra.
17. ཉི་མ་	Bhânou.
18. ཉི་སྒྲོལ་བྱེད་	Bhânoutâra.
19. ས་སྐྱོང་	Prĭthvîpa.
20. མི་ཟད་	Akchaya.
21. ཐམས་ཅད་འདུལ	Sarvadjit.
22. ཀུན་འཛིན་	Sarvadhâri.
23. འགལ་བ་	Virôdhi.
24. རྣམ་འགྱུར་	Vikrĭta.
25. བོང་བུ་	Khara.
26. དགའ་བ་	Nanda.
27. རྣམ་རྒྱལ་	Vidjaya.
28. རྒྱལ་བ་	Djaya.
29. སྨྱོས་བྱེད་	Mada ou Manmatha.
30. གདོང་ངན་	Dourmoukha.
31. གསེར་འཕྱང་	Hêmalambhi.
32. རྣམ་འཕྱང་	Vilambhi.
33. འགྱུར་བྱེད་	Vikâri.
34. ཀུན་ལན་	Sarvapati.
35. འཕར་བ་	Plava.
36. དགེ་བྱེད་	Çoubhakrĭt.

APPENDICES. — V: 153

Tibétain.	Sanscrit.
37. མཛེས་བྱེད་...	Çôbhana.
38. ཁྲོ་མོ་.....	Krôdhi.
39. སྣ་ཚོགས་དབྱིག་.	Viçvabandhou ou Viçvavasou.
40. ཟིལ་གནོན་....	Parâbhava.
41. སྤྲེའུ་......	Pravañga ou Plavañga.
42. ཕུར་བུ་....	Kîlaka.
43. དེ་བ་......	Sâumya.
44. སྤྱན་ཤོར་....	Sâdhârana.
45. འགལ་བྱེད་...	Virôdhakrĭt.
46. ཡོངས་འཛིན་...	Paridhâri.
47. བག་མེད་.....	Pramâdi.
48. ཀུན་དགའ་....	Ananda.
49. སྲིན་བུ་.....	Râkchasa.
50. མེ་....,....	Anala.
51. དམར་སེར་ཅན་.	Piñgala.
52. དུས་ཀྱི་ཕོ་ཉ་..	Kâladoûtî ou Kâlayoukta.
53. དོན་གྲུབ་.....	Siddhârtha.
54. དྲག་པོ་.....	Roudra.
55. བློ་ངན་......	Dourmati.
56. རྔ་ཆེན་......	Doundoubhi.
57. ཁྲག་སྐྱུག་....	Roudhirôdgari.
58. མིག་དམར་....	Raktâkchi.
59. ཁྲོ་བོ་......	Krôdhana.
60. ཟད་པ་......	Kchaya ou Kchayaka.

Voici maintenant les noms chinois et tibétains du cycle chinois correspondant aux numéros de la liste précédente :

	Chinois.	Tibétain.	
1.	Ting mahou,	*me yos*	« lièvre de feu ».
2.	Vou chin,	*sa hbroug*	« dragon de terre ».
3.	Kyi zi,	*sa sbroul*	« serpent de terre ».
4.	King hou,	*ltchags rta*	« cheval de fer ».
5.	Zin vouhi,	*ltchags loug*	« mouton de fer ».
6.	Jin ching,	*tch'ou spré*	« singe d'eau ».
7.	Kouhi yéhou,	*tch'ou bya*	« oiseau d'eau ».
8.	Kya zouhi,	*ching khyi*	« chien de bois ».
9.	Yi hahi,	*ching phag*	« porc de bois ».
10.	Ping tsi,	*mé byi*	« souris de feu ».
11.	Ting tchihou,	*mé glang*	« bœuf de feu ».
12.	You yin,	*sa stag*	« tigre de terre ».
13.	Kyi mahou,	*sa yos*	« lièvre de terre ».
14.	King chin,	*ltchags hbroug*	« dragon de fer ».
15.	Zin zi,	*ltchags sbroul*	« serpent de fer ».
16.	Jin hou,	*tch'ou rta*	« cheval d'eau ».
17.	Kouhi vouhi,	*tch'ou loug*	« mouton d'eau ».
18.	Kya ching,	*ching spré*	« singe de bois ».
19.	Yi yéhou,	*ching bya*	« oiseau de bois ».
20.	Ping zouhi,	*mé khyi*	« chien de feu ».
21.	Ting hahi,	*mé phag*	« porc de feu ».
22.	Vou tsi,	*sa byi*	« souris de terre ».

APPENDICES. — V.

	Chinois.	Tibétain.	
23.	Kyi tchihou,	sa glang	« bœuf de terre ».
24.	King yin,	ltchags stag	« tigre de fer ».
25.	Zin mahou,	ltchags yos	« lièvre de fer ».
26.	Jin chin,	tch'ou hbroug	« dragon d'eau ».
27.	Kouhi zi,	tch'ou sbroul	« serpent d'eau ».
28.	Kya hou,	ching rta	« cheval de bois ».
29.	Yi vouhi,	ching loug	« mouton de bois ».
30.	Ping ching,	mé spré	« singe de feu ».
31.	Ting yéhou,	mé bya	« oiseau de feu ».
32.	Vou zouhi,	sa khyi	« chien de terre ».
33.	Kyi hahi,	sa phag	« porc de terre ».
34.	King tsi,	ltchags byi	« souris de fer ».
35.	Zin tchihou,	ltchags glang	« bœuf de fer ».
36.	Jin yin,	tch'ou stag	« tigre d'eau ».
37.	Kouhi mahon,	tch'ou yos	« lièvre d'eau ».
38.	Kya chin,	ching hbroug	« dragon d'eau ».
39.	Yi zi,	ching sbroul	« serpent de bois ».
40.	Ping hou,	mé rta	« cheval de feu ».
41.	Ting vouhi,	mé loug	« mouton de feu ».
42.	Vou ching,	sa spré	« singe de terre ».
43.	Khyi yéhou,	sa bya	« oiseau de terre ».
44.	King zuhi,	ltchags khyi	« chien de fer ».
45.	Zin hahi,	ltchags phag	« porc de fer ».
46.	Jin tsi,	tch'ou byi	« souris d'eau ».

Chinois.	Tibétain.	
47. Kouhi tchihou,	*tch'ou glang*	« bœuf de terre ».
48. Kya yin,	*ching stag*	« tigre de bois ».
49. Yi mahou,	*ching yos*	« lièvre de bois ».
50. Ping chin,	*mé hbroug*	« dragon de feu ».
51. Ting zi,	*mé sbroul*	« serpent de feu ».
52. Vou hou,	*sa rta*	« cheval de terre ».
53. Kyi vouhi,	*sa loug*	« mouton de terre ».
54. King ching,	*ltchags spré*	« singe de fer ».
55. Zin yéhou,	*ltchags bya*	« oiseau de fer ».
56. Jin zouhi,	*tch'ou khyi*	« chien d'eau ».
57. Kouhi hahi,	*tch'ou phag*	« porc d'eau ».
58. Kya tsi,	*ching byi*	« souris de bois ».
59. Yi tchihou,	*ching glang*	« bœuf de bois ».
60. Ping yin,	*mé stag*	« tigre de feu ».

CYCLE CHINOIS DE SOIXANTE ANS.

Les noms du cycle chinois sont ceux qu'on vient de lire (1re colonne à gauche); la différence de ce cycle à celui des Hindous ou de *Vrihaspati* vient de ce que les noms y prennent un numéro différent. Pour avoir la concordance, il suffit de mettre en tête les n°s 58, 59 et 60 du cycle indien (voyez p. 153), qui correspondent ainsi aux n°s 1, 2 et 3 du cycle chinois, et de continuer ainsi, en reprenant la série, jusqu'au n° 57, qui se trouve alors compléter les soixante noms, suivant le mode chinois.

MOTS SYMBOLIQUES

EMPLOYÉS EN TIBÉTAIN COMME NOMS DE NOMBRE.

Outre les traités sur l'astronomie et l'astrologie introduits dans les collections du *Kandjour* et du *Tandjour*, il y a au Tibet un grand nombre d'ouvrages sur ces sciences. Le plus célèbre de tous est le *Vâidoûrya karpo*, écrit par སྡེ་སྲིད་སངས་རྒྱས་རྒྱ་མཚོ *Dé srid sangs rgyas rgya mts'o*, régent ou vice-roi de Lhassa pendant la dernière moitié du xviie siècle de notre ère.

Dans ce livre, de même que dans tous les livres scientifiques, les noms symboliques ou signes de nombres གྲངས་བརྡ་ sont employés à la place des noms de nombre, pour les calculs arithmétiques ou astronomiques. Ainsi : + ལག pour + 2 ; མེ pour 3 ; × རྒྱ pour × 4 ; — སོ pour — 32.

Cette manière d'exprimer les nombres est évidemment une imitation exacte du système indien. Quelques-uns des termes ont des synonymes, comme en sanscrit; mais il suffira de donner ici ceux qui sont le plus généralement employés. Quoique les neuf unités, avec le zéro, eussent suffi pour exprimer n'importe quelle somme, on n'en a pas moins adopté des symboles pour les nombres 10, 11, 12, 13, 14, 15, 16, 18, 24, 25, 27 et 32.

Quand on fait écrire sous la dictée des nombres symboliques, celui qui compte commence l'opération de droite à gauche. Ainsi, il dit : ཉི་མ 12, མཁའ 0, མཚོ 4, et l'on écrit 4012, etc. Cette méthode est celle qu'on suit dans les çâstras (livres traitant de quelque science) de l'Inde.

La raison qui a fait adopter ces symboles numériques sera le plus souvent évidente. Le corps, la lune, expriment bien l'unité; la main, les yeux, les ailes, les jumeaux, dénotent un objet double. Mais les mots *flèche*, désignant 5, et *Richi*, désignant 7, sont empruntés à la mythologie des Hindous.

Voici la liste de ces termes symboliques avec leurs correspondants sanscrits :

1. གཟུགས «corps», en sanscrit : *çarîra*.

   ཟླ «lune», en sanscrit : *tchandra*.

   འོད་དཀར «lumière blanche; la lune», en sanscrit : *çvêtarôtchis*.

   བསེ་རུ «rhinocéros», en sanscrit : *gaṇḍaka*.

2. ལག «la main», en sanscrit : *bhoudja, hasta, pâṇi*.

   མིག «l'œil», en sanscrit : *nêtra, tchakchous*.

   ཟུར་ཕྱོགས ou simplement ཟུར «les deux côtés, les ailes, les moitiés, paire, couple», en sanscrit : *tch'ada, pakcha*.

   འཁྲིག ou བརྡུང «les Gémeaux; copulation», en sanscrit : *mithouna*.

3. འཇིག་རྟེན «le monde», en sanscrit : *lôka*.

   ཡོན་ཏན «qualité», en sanscrit : *gouṇa*.

APPENDICES. — V.

མེ «feu», en sanscrit : *agni, anala*.

རྩེ «sommet», en sanscrit : *agra*.

4. མཚོ ou རྒྱ་མཚོ «mer, lac», en sanscrit : *samoudra*.

ཆུ «eau», en sanscrit : *djala, vâri*.

རྐང «pied», en sanscrit : *pâda*.

རིག་བྱེད «Vêda», en sanscrit : *Vêda*.

5. འབྱུང «élément», en sanscrit : *bhoûta*.

དབང «organe de sens», en sanscrit : *indriya*.

མདའ «flèche», en sanscrit : *vâna*.

བུར «union des éléments constituant le corps et l'âme», en sanscrit : *skandha*.

6. མཚམས «les six points cardinaux : nord, est, sud, ouest, zénith et nadir».

རོ་བྲོ་བ «goût, saveur», en sanscrit : *rasa*.

དུས «temps, saison», en sanscrit : *samaya*.

7. ཐུབ་པ «sage», en sanscrit : *mouni*.

དྲང་སྲོང «ermite, sage», en sanscrit : *Richi*.

རི «montagne», en sanscrit : *parvata*.

རེས་གཟའ «grande planète», en sanscrit : *graha*.

8. ཀླུ «serpent d'eau, dragon», en sanscrit : *nâga*.

སྦྲུལ «serpent», en sanscrit : *sarpa*.

གདེངས་ཅན «serpent à chaperon», en sanscrit : *phanadhara?*

ལྟོ་འགྲོ «être qui rampe sur le ventre», en sanscrit : *ouraga*.

ནོར་ ou ནོར་ལྷ་ «richesse» ou «les huit dieux des richesses», en sanscrit : *Vasou* ou *Vasoudêva.*

སྲེད་པ་ «affection, passion», en sanscrit : *tr̆ĭchṇâ.*

9. རྩ་ «racine ou veine», en sanscrit : *moûla.*

གཏེར་ «trésor», en sanscrit : *kôcha.*

གཟའ་ «planète», en sanscrit : *graha.*

བུ་ག་ «trou», en sanscrit : *tch'idra.*

སྲིན་པོ་ «esprit malfaisant», en sanscrit : *Râkchasa.*

10. ཕྱོགས་ «point, quartier, région; les dix points de l'espace, c'est-à-dire : les quatre points cardinaux, leurs quatre intermédiaires, le zénith et le nadir», en sanscrit : *dik* ou *diç.*

11. འཕྲོག་བྱེད་ «qui enlève de force», en sanscrit : *Hari,* l'un des noms de Çiva.

དྲག་པོ་ «le brave, le cruel», en sanscrit : *Roudra,* l'un des noms de Çiva.

བདེ་འབྱུང་ «source de bonheur», en sanscrit : *Çambhou,* l'un des noms de Çiva.

དབང་ཕྱུག་ «le puissant», en sanscrit : *Içvara,* l'un des noms de Çiva.

12. ཉི་མ་ «le soleil», en sanscrit : *soûrya, arka, bhânou.*

ཁྱིམ་ «la place du soleil dans le Zodiaque; les douze signes du Zodiaque», en sanscrit : *Gr̆ĭha.*

13. འདོད་པ་ «désir, passion, le dieu de l'amour», en sanscrit : *Kâma.*

APPENDICES. — V.

སྨྱོས་ (ou སྨྱོས་) བྱེད་ « ce qui rend fou ; le désir, la passion; le dieu de l'amour », en sanscrit : *Madana; Kâmadêva*.

14. ཡིད་ « l'esprit », en sanscrit : *manas*.

 མ་ནུ, transcription du sanscrit *Manou*.

 སྲིད་པ « l'existence, la naissance, le monde », en sanscrit : *bhouvanam*.

15. ཚེས། ཉིན་ཞག « le quinzième jour d'un mois lunaire; chacun des jours d'une demi-lunaison », en sanscrit : *ahan*.

16. མི་བདག « seigneur des hommes, souverain », en sanscrit : *narapati*.

 རྒྱལ་པོ « roi, prince », en sanscrit : *râdja*.

18. ཉེས་པ ou སྐྱོན་ « vice, défaut », en sanscrit : *dôcha*.

24. རྒྱལ་བ « victorieux, vainqueur, un Djina ou Bouddha », en sanscrit : *Djina*.

25. དེ་ཉིད་ « cela même », en sanscrit : *tattvam*.

27. སྐར་མ « étoile, ou l'une des vingt-sept constellations dans la voie de la lune », en sanscrit : *nakchatra*.

32. སོ « dent », en sanscrit : *danta*.

0. མཁའ « le vide, l'espace », en sanscrit : *kha, âkâça, gaganam*.

 སྨག « tache », en sanscrit : *nabhas*.

 སྟོང་པ « le vide, l'espace libre, zéro », en sanscrit : *çoûnyam*.

VI.

ALPHABET

POUR LA TRANSCRIPTION DES MOTS SANSCRITS EN LETTRES TIBÉTAINES.

Les Tibétains, après avoir adopté un alphabet imité de l'alphabet *dévanagari* usité au viie siècle dans l'Inde centrale, durent se servir de signes particuliers pour représenter exactement dans leurs transcriptions du sanscrit certaines articulations qui manquaient dans leur langue.

L'alphabet comparatif que nous donnons ci-après fera connaître la manière d'écrire le sanscrit avec des caractères tibétains.

VOYELLES, DIPHTHONGUES, ANOUSVARA ET VISARGA.

Sanscrit.	Tibétain.	Sanscrit.	Tibétain.
अ *a,*	ཨ	ऌ *lri,*	ལི
आ *â,*	ཨཱ	ॡ *lrî,*	ལཱི
इ *i,*	ཨི	ए *ê,*	ཨེ
ई *î,*	ཨཱི	ऐ *âi,*	ཨཻ
उ *ou,*	ཨུ	ओ *ô,*	ཨོ
ऊ *oû,*	ཨཱུ	औ *âu,*	ཨཽ
ऋ *ri,*	རྀ	अं *am̃,*	ཨཾ
ॠ *rî,*	རཱྀ	अः *ah,*	ཨཿ

APPENDICES. — VI.

CONSONNES.

Sanscrit. क *ka,* ख *kha,* ग *ga,* घ *gha,* ङ *nga,*
Tibétain. ཀ ཁ ག གྷ ང

Sanscrit. च *tcha,* छ *tchha,* ज *dja,* झ *djha,* ञ *ña,*
Tibétain. ཙ ཚ ཛ ཛྷ ཉ

Sanscrit. ट *ṭa,* ठ *ṭha,* ड *ḍa,* ढ *ḍha,* ण *ṇa,*
Tibétain. ཊ ཋ ཌ ཌྷ ཎ

Sanscrit. त *ta,* थ *tha,* द *da,* ध *dha,* न *na,*
Tibétain. ཏ ཐ ད དྷ ན

Sanscrit. प *pa,* फ *pha,* ब *ba,* भ *bha,* म *ma,*
Tibétain. པ ཕ བ བྷ མ

Sanscrit. य *ya,* र *ra,* ल *la,* व *va,*
Tibétain. ཡ ར ལ ཝ

Sanscrit. श *ça,* ष *cha,* स *sa,* ह *ha,* क्ष *kcha,* ज्ञ *djña.*
Tibétain. ཤ ཥ ས ཧ ཀྵ ཛྙ

Les voyelles se joignent aux consonnes de la manière suivante : ཀ *ka,* ཀཱ *kâ,* ཀི *ki,* ཀཱི *kî,* ཀུ *kou,* ཀཱུ *koû,* ཀྲྀ *kṛi,* ཀཷ *kṛî,* ཀེ *kê,* ཀཻ *kâi,* ཀོ *kô,* ཀཽ *kâu,* ཀཾ *kaṁ,* ཀཿ *kaḥ,* et de même pour toutes les consonnes.

ཡ, ར, ལ et ཝ, placés sous une autre lettre, s'écrivent : ཀྱ *kya,* ཀྲ *kra,* ཀླ *kla,* ཀྭ *kva.* ར, placé au-dessus d'une lettre, s'écrit རྐ *rka.* Les lettres doublées ou superposées s'écrivent : ཀྐ *kka,* གྒ *gga,* བྡྷ *bdha,* etc. EXEMPLES : ༀ་མ་ཎི་པདྨེ་ཧཱུྃ་ *ôṁ maṇi padmê houṁ;* སརྦ་མངྒལཾ *sarvva manggalaṁ.*

VII.

TRADUCTION DES PRÉPOSITIONS SANSCRITES[1].

Csoma de Körös, dans un tableau qui se trouve à la page 104 de sa *Grammaire tibétaine*, donne la traduction en tibétain des vingt prépositions sanscrites, lesquelles, à ne regarder que ce tableau, sembleraient devoir être toujours représentées par les mêmes expressions tibétaines. Il s'en faut bien, cependant, qu'il en soit ainsi, et le travail qui suit est devenu d'autant plus nécessaire pour compléter celui de Csoma, que, d'après des exemples empruntés aux textes les plus répandus du *Kandjour*, il se trouve que, non-seulement Csoma n'a pas donné tous les équivalents tibétains de chacune des prépositions sanscrites, mais encore que plus d'une préposition tibétaine se trouve employée pour représenter plusieurs de ces prépositions. Parfois même, le génie de la langue tibétaine force à remplacer la préposition sanscrite par une postposition, et, dans certains cas, par un participe ou un adjectif.

---

[1] On trouve dans le *Tandjour* (voy. *Asiat. Researches*, XX, p. 581) un commentaire sur les vingt prépositions sanscrites. Mais ce petit traité, qui probablement a servi de base au travail de Csoma, ne donne, comme le travail de ce dernier, qu'un équivalent tibétain pour chaque préposition sanscrite.

I.

འཏི, suivant Csoma, se traduit par དག་པར་ « clairement, purement ».

Il faut y joindre :

1° འདས་པ « qui a dépassé, outrepassé »,
2° ཤིན་ཏུ « très, extrêmement »,
3° ཤིན་ཏུའི་ (la préposition précédente déclinée au génitif, ce qui en fait une espèce d'adjectif) « extrême »,
4° ཏུ་ཙར་ « trop, excessivement »,
5° ཆེས་ « de beaucoup ».

EXEMPLES :

མཐའ་ལས་འདས་པ (en sanscrit : *atyanta*) « excessif, hors des bornes ».

Pour représenter le composé sanscrit *atîta* (*ati* + *ita*) « passé, défunt », le mot འདས a été employé seul.

Dans le composé འདས་པའི་གྲུ (en sanscrit : *atinâu*) « débarqué d'un navire », la préposition sanscrite est devenue en tibétain un participe passé au génitif.

ཤིན་ཏུ་རྒོལ་བ (en sanscrit : *ativâda*) « dispute, querelle, défi ».

ཤིན་ཏུ་སྐྱོ་བ (en sanscrit : *atikhidyamâna*) « très-affligé, très-misérable ».

ཤིན་ཏུ་མཛེས་པར་བྱ་བ (en sanscrit : *atidarçanîya*) « très-beau à voir ».

ཤིན་ཏུའི་དོན་ (en sanscrit : *atyartha*) « excessif ».

ཏུ་ཙང་མི་རོ་ (en sanscrit : *nâtyouchṇa*) « pas trop chaud ».

ཏུ་ཙང་མི་གྲང་ (en sanscrit : *nâtiçita*) « pas trop froid ».

ཏུ་ཙང་རིང་བ་ (en sanscrit : *atidîrgha* ou *atidoûra*) « trop loin ».

རྒན་ཆེས་པ་ (en sanscrit : *ativṛiddha*) « très-vieux ».

གཞོན་ཆེས་པ་ (en sanscrit : *atibâlaka*) « très-jeune ».

Dans les deux derniers exemples, le tibétain a employé une espèce de postposition suivie d'une particule.

II.

अधि । Csoma : ཤིན་ཏུ་ « très, extrêmement ».

Il faut y joindre :

1° ལྷག་, ལྷག་པའི་, ལྷག་པར་ « plus, supérieur, d'une manière supérieure »,

2° ཁོང་དུ་ « en, dans, entre, parmi », ou ཁོངས་སུ་ « au milieu »,

3° བླ་ « sur, de plus ».

EXEMPLES :

ལྷག་པའི་བསམ་པ་ (en sanscrit : *adhyâçaya*) « méditation profonde, transcendante ».

ལྷག་པའི་ང་རྒྱལ་ (en sanscrit : *adhimâna*) « orgueil excessif ».

ཁོང་དུ་ ou ཁོངས་སུ་ཆུད་པ་ (en sanscrit : *adhigâ*) « pénétrer, comprendre ».

བླ་དགས་ (en sanscrit : *adhivatchanam̃*) « appellation, surnom ».

APPENDICES. — VII.   167

Il arrive souvent que les Tibétains ne traduisent qu'une seule des prépositions d'un composé sanscrit, comme dans ཤིན་ཏུ་ནོན་པ (en sanscrit : *adhyâkrânta*) (*adhi* + *â* + *krânta*) « extrêmement abaissé, humilié, vaincu ». Cela vient sans doute de ce que le mot ནོན leur a semblé assez fort pour représenter *âkrânta*; il y a ainsi un assez grand nombre de verbes sanscrits accompagnés de prépositions rendus dans les traductions tibétaines par des racines simples.

III.

ཨནུ ། Csoma : རྗེས་སུ « après, à la suite de ».

Il faut y joindre :

1° རིམ་པར « spécialement »,

2° རིམ་པར « en ordre, en séries »,

3° ལུགས་སུ « avec méthode, suivant le mode »,

4° དཔེ « similitude »,

5° བྱིན་གྱིས « avec élégance ».

EXEMPLES :

རིམ་པར་བྱུག (en sanscrit : *anoulêpanam*) « l'action d'oindre le corps ».

རིམ་པར་འཚམ་པ (en sanscrit : *anoupoûrva*) « régulier, successif ».

ལུགས་སུ་འགྱུར་བ (en sanscrit : *anoulôma*) « régulier, dans le sens du poil », etc.

Pour traduire *pratilôma*, contraire du précédent, on pourrait croire qu'il faut dire en tibétain སོ་སོར་འགྱུར་བ,

mais c'est tout simplement la négation qui est employée : ལུགས་སུ་མི་འགྱུར་བ.

> དཔེ་བྱད་བཟང་པོ (en sanscrit : *anouvyañdjanam*) « signe secondaire de beauté (du Bouddha) ». (Comparez l'emploi de དཔེ à l'article x.)
>
> རྗེན་གྱིས་སུ་བ (en sanscrit : *anoupoûrva*) « régulier, en ordre ».

Pour traduire le sanscrit *anouvâta* « point d'où le vent souffle », les Tibétains ont employé la locution རྗེ་ཕྱོགས, sans se préoccuper de la préposition sanscrite. Le contraire de cette expression (en sanscrit : *prativâta* « point opposé à celui d'où le vent souffle ») est rendu par རྗེ་ཕྱོགས་མ་ཡིན་བ avec une négation, comme pour l'opposé du troisième exemple ci-dessus. (Comparez l'observation à la fin de l'article II.)

IV.

अप ।[1] Csoma : ལྷག་པར་ « davantage, plus ».

Il faut y joindre :

1° ངན་ « mal, mauvais »,

---

[1] Wilson, dans sa *Grammaire sanscrite*, fait précéder *apa* de la préposition *antar*, qui est d'un usage très-rare, et que les Tibétains traduisent ordinairement par un équivalent. EXEMPLE : མི་སྣང་བར་ འགྱུར་བ (en sanscrit : *antardhâ*) « disparaître ».

La particule contraire à *antar* est *prâdous*, que Wilson ne met pas

2° གུར་ «indirect, de côté, à part»,

3° ལོགས་ཤིག་ཏུ་ «d'un côté, de côté, à l'écart».

EXEMPLES :

རན་སོར་ (en sanscrit : *apâya*) «destruction, malheur, injure».

གུར་ཆག་པ་ (en sanscrit : *apabhrança*) «langage sans grammaire».

ལོགས་ཤིག་ཏུ་མཆས་པ་ (en sanscrit : *apakrama*) retraite en un lieu, départ».

Dans ce dernier exemple, le tibétain paraphrase plutôt qu'il ne traduit.

V.

अपि । Csoma : གུར་ «de nouveau, *re-* ».

Cette préposition est très-peu usitée en sanscrit quand on la joint en composition à un autre mot. (Voyez la *Grammaire* et le *Dictionnaire* sanscrits de Wilson.)

Le dictionnaire tibétain-sanscrit de la Bibliothèque impériale ne donne pas *api* pour correspondant de གུར་, mais bien *pounar* et *prati*. (Voyez ci-dessous à *prati*, art. xvii.)

VI.

अभि । Csoma : མངོན་པར་ «clairement, face à face».

---

au rang des prépositions. Les Tibétains la traduisent par un équivalent. EXEMPLE : སུ་ཀླས་གུར་ར་ (en sanscrit : *nimittâni prâdourabhoûvan*) «les signes apparurent».

Il faut y joindre :

1° མངོན་ (postposition avec des substantifs) « clair, clairement, évident »,

2° ཤིན་ཏུ་ « très »,

3° རབ་ « extrêmement »,

4° དམ་པ་ (postposition) « exact, strict, bon ».

EXEMPLES :

མངོན་འགྱུར་བ་ (ou འབྱུང་བ་) (en sanscrit : *abhimoukha*) « en présence, face à face ».

La traduction tibétaine n'est pas littérale et signifie « clairement apparu ».

ཆོས་མངོན་[1] (en sanscrit : *abhidharma*) « métaphysique ».

ཤིན་ཏུ་ (ou རབ་) མཆོར་གཤེགས་པ་ (en sanscrit : *abhyoutchtchagâmin*) « qui va à une très-grande hauteur ».

རིགས་དམ་པ་ (en sanscrit : *abhidjâta*) « noble, bien né, sage, respectable ».

VII.

སྔ་ ། Csoma : གྱལ་ཏུ་[2] « principalement ».

---

[1] La préposition sanscrite est devenue ici en tibétain une postposition, ce qui n'a lieu qu'avec les substantifs. — Comparez ཤེས་རབ་ (en sanscrit : *pradjñâ*); ལུས་འཕགས་ (en sanscrit : *vâidêhi*); ཆོས་བཟང་ (en sanscrit : *soudharma*).

[2] Je trouve ce mot répondant à *pra* dans གྱལ་ཏུ་གྱུ་བ་ (en sanscrit : *pravara*) « excellent, le meilleur ».

APPENDICES. — VII.

Il faut y joindre :

1° ཀུན་, ཀུན་ཏུ་, ཀུན་ནས་ « tout, totalement, de tous côtés »,
2° དང་ « en face »,
3° རྟོགས་ « jugement »,
4° ཁོང་དུ་ ou ཁམས་སུ་ (déjà cité à l'article II),
5° བྱར་ (déjà cité à l'article IV).

EXEMPLES :

ཀུན་སྤངས་ (en sanscrit : *avabhoûti*) « complet abandon ». (Le composé tibétain répond quelquefois au sanscrit *nirvâta, nirvâna*.)

ཀུན་ཏུ་འཇིག་པ་ (en sanscrit : *avamardda*) « tout brisé, broyé ; dévasté ».

ཀུན་ནས་བྱིན་ (en sanscrit : *avadatta*) « donné, fini, accompli ».

དང་ལྟ་བ་ (en sanscrit : *avalôk*) « regarder en face ».

རྟོགས་བརྗོད་པ་ (en sanscrit : *avadânam*).

Dans ce dernier exemple, la préposition sanscrite est devenue en tibétain un substantif, et le sens peut être : « exprimant un jugement[1] ».

---

[1] Remarquez que le mot tibétain qui représente ici le sanscrit *dânam* est བརྗོད་, le même qui est déjà employé pour représenter *dhânam*, dans *abhidhânam* (en tibétain : མངོན་བརྗོད་པ་), comme s'il ne fallait pas tenir compte de l'aspiration du *dh*.

On retrouve བརྗོད་པ་ dans ཆེད་དུ་བརྗོད་པ་ (en sanscrit : *oudânam*).

ཁོང་དུ ou ཁོངས་སུ་ཆུད་པ (en sanscrit : *avabôdha, avagati*) « jugement, connaissance ».

བྱར་བཀོལ་བ (en sanscrit : *avadharaṇa*) « mis de côté ».

VIII.

ཨ ၊ Csoma : ལེགས་པར.

Il faut y joindre :

1° ཀུན, ཀུན་ཏུ « tout, totalement »,
2° ཚུར « de ce côté, ici »,
3° གློ (ou གློོ) བུར « soudainement »,
4° མན་ཆད « à partir de, depuis ».

EXEMPLES :

ཀུན་བསྐོར (en sanscrit : *âvṛita*) « tout environné, enveloppé ».

---

quoique l'étymologie du dernier soit *out* + *â* + *aṇ* et, par conséquent, ne contienne pas le mot *dânam̃*; — dans བདུད་རྩི་བརྗོད་པ (en sanscrit : *amṛitadânam̃*), où il représente *dânam̃*.

Il résulte de la comparaison de toutes ces expressions où entre བརྗོད qu'il y a eu entre *dhânam̃* et *dânam̃* une confusion volontaire de la part des interprètes, leur habileté bien prouvée ne pouvant laisser de doute à cet égard. Cela peut venir de ce que l'idée de don (*dânam̃*) et l'idée de parole (བརྗོད) se confondent dans le second membre des composés *abhidhânam̃* « nom », *oudânam̃* « louange », et *amṛitadânam̃* « discours sur l'immortalité », en ce que la parole est indispensable pour *donner* ou *dire* aux autres.

གུན་དགའ་བོ (en sanscrit : *Ananda*) (nom propre) « tout joie ».

གུན་དགའ་ར་བ (en sanscrit : *ârâma*) « jardin, parc ».

En ajoutant ici ར་བ « enclos », le tibétain commente un peu, pour plus de clarté, et pour éviter la confusion avec des mots comme l'exemple qui précède celui-ci.

ཚུར་ཤོག (en sanscrit : *âgatctch'a*) « viens ici, approche ».

ཚུར་འདྲེན (en sanscrit : *âkarchayati*) « il entraîne, il attire de ce côté ».

གློ་བུར་དུ་འོངས་པ (en sanscrit : *âgantouka*) « hôte, étranger, arrivé soudainement ».

གསུམ་མན་ཆད (*âtrayât*) « à partir de trois, jusqu'à trois ».

IX.

अत्। Csoma : མཐོ་བའི་ « haut », c'est-à-dire un adjectif au génitif au lieu de la préposition sanscrite, ce qui a déjà été vu, art. II, n° 1.

Il faut y joindre :

1° སྟེང་ « en haut »,

2° འོག་དུ་ « en bas »,

3° ཅེད་དུ་ « à cause de »,

4° མདུན་དུ་ « en avant »,

5° འཕགས « (préposition et postposition) « élevé »,

6° གང་ « plein »,

7° ཡིན་ ou ཡིན་དུ་ « en haut »,

8° ཡར་ « en haut ».

EXEMPLES :

སྔོན་འཁྲོ་ ou སྔོན་འབྱུན་ (en sanscrit : *outpalaṁ*) « lotus bleu » (littéralement : « rassemblé en haut »).

སྔོན་དགུགས་ (en sanscrit : *ounmâtha*) « piége, meurtre, meurtrier, dédain ».

ཐོག་ཏུ་ཆུད་པ་ (en sanscrit : *outtîrṇa*) « traversé ».

ཆེད་དུ་བརྗོད་པ་ (en sanscrit : *oudânaṁ*) « louange » (voir la note à la fin de l'article vii).

མདུན་དུ་བགྲོར་པ་ (en sanscrit : *oudyânaṁ*) « sortie, départ ». Quand *oudyânaṁ* signifie « parc, jardin », il se rend en tibétain par སྐྱེད་མོས་ཚལ་.

འཁགས་རྒྱལ་ (en sanscrit : *Oudjayyani*), nom de ville (littéralement : « victorieuse »).

གསོ་སྦྱོང་འཁགས་ (en sanscrit : *Outpôchadha*), nom de roi. La préposition sanscrite est devenue ici une postposition. (Comparez art. v, note.)

གང་བཟུངས་པ་ (en sanscrit : *oudgrîhîta*) « saisi, enlevé ».

ཁ་གྱེན་ཕྱོགས་ (en sanscrit : *ounmoukha*) « le visage tourné en haut ».

གྱེན་དུ་ (ou ཡར་) བལྟ་བ་ (en sanscrit : *oullôkita*) « vu en haut ».

X.

उप । Csoma : ཉེ་བར་ « près, auprès » (forme abrégée : ཉེར་).

Il faut y joindre :

1° བསྙེན་ (préposition et postposition) « approchant »; — བསྙེན་པའི་ (participe du précédent au génitif),

2° འདྲ «similitude».

EXEMPLES :

ཉེར་གནས (en sanscrit : *oupastha*) «voisin, proche».

བསྙེན་གནས (en sanscrit : *oupavâsa*) «jeûne».

བསྙེན་པའི་ལས (en sanscrit : *oupakarma*) «secours(?)».

དགེ་བསྙེན [1] (postpos.) (en sanscrit : *oupâsaka*) «dévôt».

འདྲ་བཤད (en sanscrit : *oupanyâsa*) «précepte».

Comparez, art. III, འདྲ་བྱུང་བཟང་པོ, dans lequel འདྲ répond au sanscrit *anou*. Dans les deux exemples, འདྲ représente les acceptions de «ressemblance» et de «comparaison», qu'ont en effet *anou* et *oupa*.

Les prépositions *oupa* et *sam*, jointes ensemble, sont rendues en tibétain par ཉང་དུ. EXEMPLE : ཉང་དུ་འགྲོ་བ (en sanscrit : *oupasangkrama*).

XI.

ཛུ ། Csoma : དཀའ་བ «mauvais, difficile».

Il faut y joindre :

1° དགའ (postposition) «difficile»,

2° འཚལ་བ (postposition) «difficile»,

3° འགལ «violation, transgression»,

4° ངམས «mauvais».

---

[1] བསྙེན répond proprement au sanscrit *âsaka*. Il se peut, cependant, qu'il ait ici le sens de «aide», que la préposition sanscrite *oupa* a quelquefois. — Comp. art. XI, troisième exemple.

EXEMPLES :

དན་བཛོད (en sanscrit : *dourouktam*) « mauvaise parole ».

བགོད་དཀའ་བ (en sanscrit : *dourgam*) « forteresse, fort ».

བསྙེན་པར་དཀའ (postposition) (en sanscrit : *dourâsada*) « difficile à atteindre, à surpasser ».

ཤེས་པར་དཀའ (postposition) (en sanscrit : *dourvidjñêya*) « difficile à connaître ».

ཁོངས་སུ་ཆུད་པར་དཀའ (postposition) (en sanscrit : *dourbôdhya*) « difficile à comprendre ».

ཚུལ་ཁྲིམས་འཆལ་བ (postposition) (en sanscrit : *douhçîla*) « de mœurs relâchées ».

དགྲ་བོ (en sanscrit : *dourhṛid*) « ennemi ».

ཉམས་དམས (en sanscrit : *dourbala*) « faible, affaibli ».

XII.

ནི. ၊ Csoma : རེས་པར « certainement ».

Il faut y joindre :

1° དམ, དམ་དུ, དམ་པོར « purement, exactement »,

2° ཤིན་དུ « très »,

3° ཚར « arrivé au terme ».

EXEMPLES :

དམ་དུ་བཅིངས་པ (en sanscrit : *nibandhanam*) « lien, cause ».

དམ་རྒྱ (en sanscrit : *nyaya*) « perte, dépense, destruction ».

ཤིན་དུ་བསྙེན་བགྱིད་པ (en sanscrit : *nichêvita*) « reçu avec respect, pratiqué, observé ».

ཤིན་ཏུ་བཟོད[1] (en sanscrit : *nivâka*) «rareté, famine».

ཚར་གཅད་པ (en sanscrit : *nigraha*) «capture, aversion».

(Comparez *pragraha*, art. xvi.)

ཚར་གཅོད་པ (en sanscrit : *nigrĭhîta*) «saisi, arrêté, assailli».

XIII.

ནིར་ ། Csoma : བྲལ་བ «privé de».

Il faut y joindre :

1° རེས་པར, རེས་པའི «sûrement, vraiment»,

2° ཕྱིར «en dehors, hors»,

3° མེད (postposition) «sans»,

4° ཟམས (postposition) «affaibli»,

5° རུམ (postposition) «mutilé»,

6° མདུན་དུ «en avant».

EXEMPLES :

རེས་པའི་ཚིག (en sanscrit : *niroukta*) «expliqué, décrit».

རེས་པར་འབྱུང་བ (en sanscrit : *niryâti*) «issue, sortie».

ཕྱིར་བསྒྲུབ་པ (en sanscrit : *niryânam*) «extinction, libération».

---

[1] Cette expression est une des plus remarquables entre celles qui sont le produit de l'influence du sanscrit sur le tibétain. L'étymologie du mot est, selon Wilson : *ni* (allongé en *nî*, pour plus de force) et *vatch* «parler» : «Ce qui fait que l'on parle beaucoup, à cause de l'inquiétude», c'est-à-dire «la famine». Le tibétain est calqué sur le sanscrit et signifie littéralement «beaucoup parlé».

བདག་མེད་པ (en sanscrit : *nâirâtman*) « hors de soi-même ».

དོར་མེད་ ou དོར་ཟམས (en sanscrit : *nihsva*) « pauvre, indigent ».

རྩེ་རུམས (en sanscrit : *nichkoûṭi*) « émoussé, sans pointe ».

མངོན་དུ་བསྒྱུར་བ (en sanscrit : *niryânam*) (comparez le troisième exemple ci-dessus).

Dans མྱ་ངན་འདས, traduction du sanscrit *nirvâna*, la préposition *nir* semble représentée par འདས (comparez art. I, n° 1), et མྱ་ངན est plutôt une espèce de commentaire désignant l'état d'un être intelligent avant le *nirvâna*, qu'une traduction précise du terme sanscrit *vâna*.

XIV.

པརི། Csoma : ཡོངས་སུ « complétement ».

Il faut y joindre :

1° ཀུན, ཀུན་དུ་ « totalement »,

2° རབ་དུ་ « le plus, extrêmement »,

3° ལྷག་མ « extrême, surplus »,

4° འགྲེ « retour, répétition »,

5° ཤིན་དུ་ « très ».

EXEMPLES :

ཡོངས་འཇོམས (en sanscrit : *parigha*) « meurtre, destruction ».

ཀུན་འཇོམས (en sanscrit : *parighâtanam*) « meurtre, destruction ».

ཀུན་དུ་རྒྱུ (en sanscrit : *parivrâdjaka*) (littéralement : « errant partout »), nom de certains religieux mendiants.

གུན་ ou གུན་ཏུ་བརྟགས (en sanscrit : *parikalpa*) « examen complet ».

རབ་ཏུ་གང་བ (en sanscrit : *paripoûrṇa*) « extrêmement, entièrement plein ».

ལྷག་མ་གཞག (en sanscrit : *pariçichṭa*) « laissé, quitté, déposé ».

འགྱེ་ཞིང་ལྡོག་པ (en sanscrit : *parivarttamâna*) « revenant sur ses pas ».

(ས་ལ) འགྱེ་ལྡོག་པ (en sanscrit : *parivêchṭamâna*) « se roulant à terre ».

Dans les trois exemples précédents, ལྷག་མ et འགྱེ sont plutôt des commentaires que des traductions littérales de la préposition sanscrite.

ཤིན་ཏུ་མཛར (en sanscrit : *paribhoûta*) « traité avec dédain ».

ཡོངས་སུ་གྲུབ་པ (en sanscrit : *parinichpatti*) « complétement terminé », où ཡོངས་སུ représente deux prépositions sanscrites.

XV.

परा ۱۰ Csoma : མཆོག་ཏུ « principalement ».

Ainsi que Csoma, le dictionnaire alphabétique tibétain-sanscrit de la Bibliothèque impériale donne à *parâ* le même correspondant tibétain; mais je n'ai jusqu'ici rencontré aucun exemple où མཆོག་ཏུ soit employé comme tel. Le dictionnaire cité donne aussi cette expression tibétaine comme correspondante des prépositions sanscrites *sam*, *pra* et *out*.

XVI.

ཀ ၊ Csoma : རབ་ཏུ, et postposition རབ.

Il faut y joindre :

1° མཆོག་ཏུ « principalement »,
2° ཨེ « précédent, antérieur » (latin *pre-*),
3° ཤིན་ཏུ « très »,
4° ཚར « fin, achèvement »,
5° ཧུལ་ཏུ « principalement, surtout »,
6° ཡང « de nouveau, encore »,
7° གང « plein ».

EXEMPLES :

རབ་དགའ (en sanscrit : *pramoudita*) « très-joyeux, très-réjoui ».

གྱུར་རབ ou གསུངས་རབ (postposition) (en sanscrit : *pravatchanam*) « les meilleurs préceptes, l'Écriture ».

ཤེས་རབ ou ཨེ་ཤེས (en sanscrit : *pradjñâ*) « la science, la prescience, la sagesse ».

མཆོག་ཏུ་དགའ་བ (en sanscrit : *pramôda*) « plaisir, délice » (comparez le premier exemple).

ཚར་བཅད་ཅིར (en sanscrit : *pragraha*) (voyez art. XII).

ཧུལ་ཏུ་བྱ་བ, ou plus littéralement རབ་མཆོག (en sanscrit : *pravara*) « le plus excellent ».

ཤེན་དུ་ལེགས་པར་རྟོགས (en sanscrit : *souprabouddha*) « qui juge, qui connaît très-bien, très-savant, très-sage ».

Dans le composé qui précède, le tibétain, probablement pour l'euphonie, a changé l'ordre des prépositions, comme si le sanscrit eût été *prasoubouddha*.

ཡང་མེས་པོ (en sanscrit : *prapitâmaha*) « grand-père paternel ».

ཡར་མེས་མོ (en sanscrit : *prapitâmahî*) « grand'mère maternelle ».

ཡར་ཕྱི་མོ (en sanscrit : *pramâtâmaha*) « grand-père maternel ».

ཡར་སློབ (en sanscrit : *praçichya*) « premier, principal disciple (?) ».

གར་བཤད་པ (ou སྟོན་པ) (en sanscrit : *prakâça*) « expliqué, éclairci ».

XVII.

प्रति । Csoma : སོ་སོར་ « séparément ».

Il faut y joindre :

1° ལྟར་ « comme »,

2° ལན་དུ་ « en retour, en réponse, contraire »,

3° སླར་ « de nouveau »,

4° རེས་པར་ « certainement »,

5° རབ་དུ་ « extrêmement »,

6° ཉིད་ (préposition et postposition) « même »,

7° རང་ « même »,

8° ཕྱིར་ « de nouveau »,

9° བཟློག « retour sur soi-même »,

10° མདོན་ « clairement »,

11°· ནར་གྱི, ནར་དུ.

EXEMPLES :

སོ་སོར་མཛད་པ (en sanscrit : *pratiçrava*) « promesse, assentiment ».

Le verbe sanscrit, composé des mêmes termes que l'expression précédente, est le plus souvent rendu en tibétain par le verbe མཛད précédé de རེ (ou རེའི་) གྱར. EXEMPLE : རེ་གྱར་མཛད་དེ ou རེའི་གྱར་མཛད་ནས (en sanscrit : *pratiçroutya*) « ayant promis, consenti ».

སོ་སོར་སྒྲུབ་པ (en sanscrit : *pratipatti*) « but, dessein, résultat ».

ཨན་དུ་ཟན་པ (en sanscrit : *pratipriya*) « désagréable, pénible ».

ཨན་སྟོན་རོ་ནུས་པ (en sanscrit : *pratikarttoum çakyah*) capable de rivaliser ».

སྤྱར་སྐོལ་བ (en sanscrit : *pratyâkhyânam*) « refus, réfutation, reproche ».

སྤྱར་བཟོད་པ (en sanscrit : *prativâkyam*) « réponse ».

སྤྱར་གཏད་པ (en sanscrit : *pratidânam*) « restitution d'un dépôt ».

རེས་པར་གཞག (en sanscrit : *pratisthâpayitavya*) devant être bien placé ».

རབ་ཏུ་དགོད་པ (en sanscrit : *pratisthâpanaṁ*) « excellent établissement ».

ཉིད་ལག[1] (en sanscrit : *pratyanggaṁ*) « membre secondaire (le nez, les doigts, etc.) ».

ཉིད་མཚམས་སྦྱོར་བ (en sanscrit : *pratisandhi*) « métempsycose ».

བདག་ཉིད (en sanscrit : *pratyâtmika*) « intérieur, se rapportant à soi-même ».

རང་སངས་རྒྱས (en sanscrit : *pratyêkabouddha*).

ཕྱིར་བཟློག་པར (en sanscrit : *pratibôddhoum*) « méconnaître, repousser ».

Le composé tibétain qui précède répond aussi au sanscrit *pratyanggiri* et *pratyâharaṇaṁ* (Asiat. Researches, XX, 523-524).

རྒྱུན་ལས་བཟློག་པ (en sanscrit : *pratiçrôta*) « sorti du courant » ou « tourné contre le courant ».

མདོན་དུ (en sanscrit : *pratimoukha*) « face à face ». — Comparez མདོན་དུ (en sanscrit : *sammoukha*).

---

[1] Ce mot est le plus souvent écrit ཉིན་ལག, et quelquefois ཉིང་ལག; mais la véritable orthographe est ཉིད་ལག, parce que le premier terme est l'équivalent de la préposition sanscrite *prati*. Comparez རང་སངས་རྒྱས (en sanscrit : *pratyêkabouddha*), dans lequel རང, synonyme de ཉིད, représente *prati*.

ནར་དུ་ཡར་དག་འཇོག (en sanscrit : *pratisanlayanaṁ*) «absorption dans la méditation».

ནང་གི་ནོར (en sanscrit : *pratyâtmikadhanaṁ*) «richesse intérieure».

XVIII.

བི ། Csoma : རྣམ་པར «spécialement».

Il faut y joindre :

1° ཡས་ (postposition) «au delà»,

2° ལོག «à tort, à l'envers»,

3° མེད, མི «non»,

4° རྟུལ (postposition) «émoussé»,

5° ལྷག «plus, excessif»,

6° འགལ «infraction, transgression, violence»,

7° ཁྱད་པར «spécialement»,

8° བྲལ (postposition) «privé de, sans»,

9° ཤིན་དུ «très» (ཞེ).

EXEMPLES :

རྣམ་པར་དབྱེ (en sanscrit : *vibhakti*) «divisé, analysé».

བྱས་ཡས (en sanscrit : *vipavya*) «pour être purifié, à purifier».

མི་བདེན་པ (en sanscrit : *vitathâ*) «fausseté».

གནས་མེད (postposition) (en sanscrit : *vimâna*) «char céleste».

སྣ་རྟུལ (postposition) (en sanscrit : *vigra*) «sans nez, nez aplati». — Comparez རྗེ་རྟུལ, art. XIII, n° 4.

ལྷག་མཐོང་ (en sanscrit : *vidarçanam*) « vue perçante, surnaturelle ».

བགལ་བཏོད་ (en sanscrit : *vilâpa*) « lamentation ».

ཁྱད་པར་འཕགས (en sanscrit : *viçichṭa*) « excellent, supérieur, distingué ».

ཁྱད་པར་འགྱེན (en sanscrit : *vivâha*) « mariage ».

ཁྱད་པར་འཛིན་པ (en sanscrit : *vidhṛita*) « saisi, pris ».

གནས་ཁྱད་པར་ཅན (en sanscrit : *viçichṭasthânam*) « place, situation distinguée, éminente ».

མཚན་ཉིད་བྲལ (en sanscrit : *vilakchaṇa*) « sans signe, sans marque ».

ཤིན་ཏུ་རྒྱས་པ (en sanscrit : *vâipoulya*) « très-développé ».

EXEMPLES DE PRÉPOSITIONS SANSCRITES DOUBLES :

རྣམ་པར་སྦྱོང་བ (en sanscrit : *viniçôdhanam*) « purification complète ».

ལོག་འབྱུང ou ལོག་འཇུག (en sanscrit : *vinipâta*) « tombé, déchu ».

ཕྱིན་ཅི་ལོག (en sanscrit : *viparyâsa*) « opposition, changement en sens inverse » ou (*viparinâma*) « changement d'état, de forme ».

ཐམས་ཅད་དུ་བཟར་པར་གྱུར་བ (en sanscrit : *viprayoukta*) « entièrement délivré ».

བྱེ་བྲག་ཏུ་རྟོགས་བྱེད (en sanscrit : *vyoutpatti*) « formation de mots, étymologie ».

XIX.

སྂ ། Csoma : ཡང་དག་པར, ཡང་དག.

Il faut y joindre :

1° ལེགས, ལེགས་པར « bien »,

2° འདུ « amas, union »,

3° ཀུན, ཀུན་ཏུ, ཀུན་ནས « totalement, de tous côtés »,

4° ཡོངས་སུ « complétement »,

5° རྫོགས « complet »,

6° ཤིན་ཏུ « très »,

7° རབ་ཏུ « le plus, extrêmement »,

8° ཐབས་སུ « avec, en compagnie de ».

EXEMPLES :

ཡང་དག་པར་བརྗོད་པ (en sanscrit : *sanggiti*) « énumération ».

ཡང་དག་གདུང (en sanscrit : *santâpa*) « souffrance, repentir ».

ལེགས་པར་བརྒྱན (en sanscrit : *samalangkrĭta*) « bien orné ».

ལེགས་སྦྱར (en sanscrit : *sanskrĭta*) « bien composé ; la langue sanscrite ».

ལེགས་བྱས ou ལེགས་མཛད (en sanscrit : *sanskâra*) « bien fait, accompli ».

འདུ་བྱེད (en sanscrit : *sanskâra*) « l'idée, la conception ».

ཀུན་ཏུ་བྲོས (en sanscrit : *santrâsa*) « effroi, alarme ».

ཀུན་ཏུ་སྦྱོར་བ (en sanscrit : *sanyôdjanam̃*) « liaison, connexion ».

ཀུན་འཇིགས (en sanscrit : *sambhaya*) « terreur ».

གུན་ཁྱབ་སྤྲིན་པ (en sanscrit : *santamasa*) « obscurci de nuages ».

གུན་ནས་ཉོན་མོངས (en sanscrit : *sangklichṭa*) « tout affligé, tourmenté ».

གུན་རྟོག་པ (en sanscrit : *sangkalpa*) « volonté, résolution, délibération ».

གུན་དུ་གཟིགས (en sanscrit : *samantadarçin*) « qui voit tout ».

ཡོངས་སུ་དགའ་ཤྱེན (en sanscrit : *santouchita*) « réjoui, heureux ».

ཡོངས་སུ་གདུང་པ (en sanscrit : *santapta*) « souffrant, affligé » (comparez le deuxième exemple).

ཤིན་དུ་གདུང་པ (en sanscrit : *santâpa*) (comparez l'exemple précédent et le deuxième exemple ci-dessus).

རབ་དུ་མང་པོ (en sanscrit : *sambahoula*) « très-nombreux ».

ཐབས་སུ་གནས་པ (en sanscrit : *samvâsika*) « qui demeure avec un autre ».

EXEMPLES DE PRÉPOSITIONS SANSCRITES DOUBLES :

མངོན་པར་རྟོགས་པར་སངས་རྒྱས་པ (en sanscrit : *abhisambouddha*) « devenu véritablement et complétement Bouddha ».

གུན་འདེབས (en sanscrit : *samoutctch'anna*) « tout détruit ».

གུན་དུ་འཁྲུགས (en sanscrit : *samoutpiñdja*) « tout troublé ».

གུན་འབྱུང (en sanscrit : *samoudaya*) « multitude ».

གུན་དུ་འདས་པ (en sanscrit : *samatikrânta*) « complétement passé, surpassé ».

གང་བསྡན་པ ou རབ་ཏུ་སྟོན་པ (en sanscrit : *samprakâça*) « parfaitement éclairci, expliqué » est rendu quelquefois plus exactement en traduisant les deux prépositions sanscrites : ཡང་དག་པར་རབ་ཏུ་སྟོན་.

ཡང་དག་པར་ཞུགས་པ (en sanscrit : *samprasthita*) « parti, allé en voyage ».

མདོན་ཏུ (en sanscrit : *sammoukha*) (comparez *pratimoukha*, article XVII, vers la fin).

XX.

སུ ᠄ Csoma : བདེ་བར «bien».

Il faut y joindre :

1° བཟང (postposition) « bon, bien »,
2° རབ « extrêmement »,
3° ལེགས་པར « bien »,
4° ཤིན་ཏུ « très »,
5° བྱིན་གྱིས « avec élégance »,
6° སྡུག « agréable »,
7° སླ་བ « aisé, facile »,
8° ཡག « agréable, beau ».

EXEMPLES :

བདེ་བར་གཤེགས་པ (en sanscrit : *sougata*) « bienvenu ».
བདེ་འགྲོ (en sanscrit : *sougati*) « bonne voie ».
ཆོས་བཟང (en sanscrit : *soudharma*) « bonne loi ».
ལུགས་བཟང (en sanscrit : *soudharma* ou *sounîti*) « bonne loi ».

ཡིད་བཟང་ (en sanscrit : *soumanas*) « bon esprit ».

བླ་ན་བཟང་ (en sanscrit : *soudarçana*) « beau à voir ».

བློ་བཟང་པོ་ (en sanscrit : *soubouddhi*) « bonne intelligence ».

བཟང་པོའི་བཤེས་གཉེན་ (en sanscrit : *soumitra*). La préposition sanscrite s'est changée ici en un adjectif au génitif, suivant la règle 30.

རབ་འབྱོར་ (en sanscrit : *Soubhoûti*), nom propre.

རབ་རིང་ (en sanscrit : *soudoûri*) « très-loin ».

རབ་འཐབ་ (en sanscrit : *Souyâma*), nom propre.

རི་རབ་ (en sanscrit : *Soumêrou*), nom de montagne.

ལེགས་པར་འོངས་པ་ ou ལེགས་འོང་ (en sanscrit : *svâgata*) « bienvenu ».

ལེགས་སྐྱེས་མ་ (en sanscrit : *Soudjâtâ*), nom de femme.

ལེགས་པའི་ལས་ (en sanscrit : *soukrita*) « bienfait, bonne action ». (Adjectif au génitif au lieu d'une préposition. — Comparez ci-dessus le huitième exemple.)

ཤིན་ཏུ་དགའ་བོ་ (en sanscrit : *Sounandana*), nom propre.

ཤིན་ཏུ་ཡིད་དུ་འོང་བ་ (en sanscrit : *soumanôrama*) « très-agréable au cœur ».

ཤིན་ཏུ་མཐོང་ (en sanscrit : *Soudarçana*), nom d'une classe de dieux.

སྒྲ་སྙན་ (en sanscrit : *soughôcha* ou *soukvana*) « belle voix ».

སྒྲུབ་སླ་བ་ (en sanscrit : *sousâdhya*) « bien accompli ».

ལས་སླ་ (en sanscrit : *soukara*) « facile à faire, œuvre facile ».

ཀྲུ་བ་སྡུག (en sanscrit : *soudarçana*) «beau à voir».

EXEMPLES DE PRÉPOSITIONS DOUBLES :

ཤིན་ཏུ་ལེགས་སྨྲས (en sanscrit : *soupralâpa*) «éloquence».

ཤིན་ཏུ་རབ་ཏུ་གནས་པ (en sanscrit : *soupratichṭhita*) «très-bien placé».

Il arrive le plus souvent que le tibétain ne traduit qu'une préposition quand le sanscrit en a deux et même trois.

བྱིན་གྱིས་འཚམ་པ (en sanscrit : *souvinîta*) «bien discipliné».

རབ་ཏུ་གནས་པ (en sanscrit : *soupratichṭha*) «bien placé».

ལེགས་པར་བརྩམ (en sanscrit : *sousamârabdha*) «bien entrepris, commencé avec ardeur».

Les Tibétains mettent quelquefois une préposition quand le sanscrit n'en a pas, comme dans རབ་འབྱོ, traduction du sanscrit *anggiras*; et, par contre, ils les omettent souvent, quand ils trouvent dans leur langue un mot qui leur paraît suffire à lui seul pour rendre le sanscrit; tels sont : མོས་པ (en sanscrit : *adhimoukti*), འདས (en sanscrit : *atîta*), etc.

On rencontre aussi parfois plusieurs équivalents d'un mot sanscrit, comme : ཤིན་ཏུ་མཐོང, བལྟ་ན་བཟང, ཀྲུ་བ་སྡུག (en sanscrit : *soudarçana*); mais il se peut que la première expression tibétaine représente le sens de «qui voit très-bien», au lieu de «beau à voir», qui est celui des deux autres.

D'après les exemples qui viennent d'être donnés à la suite de chacune des prépositions sanscrites, nous trouvons que, au lieu de présenter de l'unité dans la traduction, comme le ferait croire le tableau de Csoma (*Grammaire*, p. 104), une seule expression tibétaine représente quelquefois jusqu'à huit prépositions sanscrites, et, de plus, que ces dernières sont souvent traduites en tibétain par des postpositions.

TABLE ALPHABÉTIQUE

DES TERMES TIBÉTAINS CORRESPONDANT AUX PRÉPOSITIONS SANSCRITES.

1. དགར (en sanscrit : *dour*).
2. ཀུན, ཀུན་ཏུ, ཀུན་ནས (en sanscrit : *â, ava, pari, sam*).
3. ཁོང་དུ, ཁོངས་སུ (en sanscrit : *adhi, ava*).
4. ཁྱད་པར (en sanscrit : *vi*).
5. གར (en sanscrit : *out, pra*).
6. བྱིན, བྱིན་དུ (en sanscrit : *out*).
7. སྒོ་བྱར ou སྒོ་བྱར (en sanscrit : *â*).
8. འགལ (en sanscrit : *dour, vi*).
9. འཇེ (en sanscrit : *pari*).
10. དཔ|བ (en sanscrit : *apa, dour*).
11. རེས་པའི, རེས་པར (en sanscrit : *ni, nir, prati*).
12. རར (en sanscrit : *ava*).
13. མཚོན (en sanscrit : *prati*), མཚོན་པར (en sanscrit : *abhi*).

14. ཆེད་དུ (en sanscrit : *out*).
15. ཆེས་པ (en sanscrit : *ati*).
16. མཆོག་ཏུ (en sanscrit : *para, pra*).
17. འཆལ་བ (en sanscrit : *dour*).
18. རྗེས་སུ (en sanscrit : *anou*).
19. ཉམས (en sanscrit : *dour, nir*).
20. ཉེར (en sanscrit : *prati*).
21. ཉེ་བར (en sanscrit : *oupa*).
22. སྙན (en sanscrit : *sou*).
23. བསྙེན, བསྙེན་བའི (en sanscrit : *oupa*).
24. རྟོགས་པ (en sanscrit : *ava*).
25. ལྡར (en sanscrit : *prati*).
26. སྟྱེར (en sanscrit : *out*).
27. ཐབས་སུ (en sanscrit : *sam*).
28. མཐོ་བའི (en sanscrit : *out*).
29. དག་པར (en sanscrit : *ati*).
30. དམ་དུ, དམ་པོར (en sanscrit : *ni*).
31. བདེ་བར (en sanscrit : *sou*), བདེ (en sanscrit : *sam*).
32. མདུན་དུ (en sanscrit : *out, nir*).
33. འདས|པ (en sanscrit : *ati*).
34. རྣམ (en sanscrit : *nir, vi*).
35. སྣུག (en sanscrit : *sou*).
36. དར་དུ (en sanscrit : *prati*).
37. རྣམ་པར (en sanscrit : *abhi, anou, vi*).
38. དཔེ (en sanscrit : *anou, oupa*).

39. འཕགས (en sanscrit : *out*).
40. བྱལ་དུ (en sanscrit : *ava, pra*).
41. བྱེར (en sanscrit : *nir, prati*).
42. བྱེན་བྱེས (en sanscrit : *anou, sou*).
43. བྱལ (en sanscrit : *vi*).
44. བྱ (en sanscrit : *adhi*).
45. བློ་བྱེར (voyez le n° 7).
46. མན་ཆད (en sanscrit : *â*).
47. མི (en sanscrit : *vi*).
48. མེད (en sanscrit : *nir, vi*).
49. ཚེར (en sanscrit : *ni, pra*).
50. ཚུར (en sanscrit : *â*).
51. རྫོགས (en sanscrit : *sam*).
52. ཟུར (en sanscrit : *apa, ava*).
53. བཟར (en sanscrit : *sou*).
54. བཟློག (en sanscrit : *prati*).
55. ཡོག་དུ (en sanscrit : *out*).
56. ཡར (en sanscrit : *pra*), ཡར་དག་པར (en sanscrit : *sam*).
57. ཡར (en sanscrit : *out*).
58. ཡས (en sanscrit : *vi*).
59. ཡི (en sanscrit : *pra*).
60. ཡོངས་སུ (en sanscrit : *nir, sam*).
61. རར (en sanscrit : *prati*).
62. རབ, རབ་དུ (en sanscrit : *abhi, pari, pra, prati, sam, sou*).

63. རྗེས་པར (en sanscrit : *anou*).
64. ཨན་དུ (en sanscrit : *prati*).
65. ལུགས་སུ (en sanscrit : *anou*).
66. ཤེགས་པར (en sanscrit : *â, sam, sou*).
67. ལོགས་ཤིག་དུ (en sanscrit : *apa*).
68. ཤིན་དུ, ཤིན་དུའི (en sanscrit : *ati, adhi, abhi, ni, pa-ri, pra, vi, sam, sou*).
69. སོ་སོར (en sanscrit : *prati*).
70. སུ (en sanscrit : *sou*).
71. སུར (en sanscrit : *api, prati*).
72. ལྡོག, ལྡོག་པའི, ལྡོག་པར (en sanscrit : *adhi, apa, vi*), ལྡོག་ས (en sanscrit : *pari*).
73. དུ་ཅར (en sanscrit : *ati*).

La langue tibétaine, comme cela ne pouvait manquer, a donc résisté au système de traduction qu'ont semblé vouloir lui imposer les interprètes tibétains ou plutôt leurs maîtres indiens, chargés le plus souvent de traduire les livres sacrés. La clarté a certainement gagné à cette résistance, qu'il n'était guère possible de vaincre, parce qu'elle est dans la nature. Ici, de la part d'un peuple qui était, quand les traductions furent faites, sans culture intellectuelle, et qui obéissait à l'influence de grammairiens dont l'habileté n'a guère été surpassée depuis, cette résistance prouve une fois de plus que, quelle que soit l'autorité qui cherche à imposer des lois à une langue, cette autorité vient toujours échouer contre l'usage, qui, en dépit des académies et des écrivains les plus illustres et les plus respectés, sera toujours le souverain arbitre du langage.

VIII.

EXERCICE

DE LECTURE ET DE PRONONCIATION TIBÉTAINE.

(Extrait du *Dsang-loun*, ch. I, p. 12-13, édition de I. J. Schmidt.)

TRANSCRIPT. Déhi ts'é na youl   Váranaser   drang srong lnga brgya jig   gnas té,
PRONONC.[1].   trang srong nga dya   né té,

drang srong de dag gi ston pa Oudpala jes byava dam pahi tch'os slob
trang srong dé dag ghi ton pa   tchava   dampé   lob

tching bsgom pa la dgah vas koun tou rgyou jing : sou la dam pahi tch'os yod
       gom pa   ga   vé   rdyou   dampé

pa dé bdag la smra na, tchi dang tchi hdod pa yid bjin dou sbyin jing déhi
       dag la mrana,   dod pa   jin   tchin

gyog byaho jes bya var bsgrags pa dang bram zé jig der hongs nas dé
yog tchaho jès tcha var dag pa   né

la hdi skad tches smras so :. bdag la dam pahi tch'os yod do ; thos par
   di kad   mré so :   dag   dampé

---

[1] Les mots qui ne sont pas répétés se prononcent comme ils sont écrits.

APPENDICES. — VIII.

འདོད་ན་བསྟན་པར་བྱའོ་ཞེས་སྨྲས་པ་དང་། དྲང་སྲོང་དེས་ཐོས་ནས་ཐལ་མོ་
hdod na bstan par byaho jes smras pa dang, drang srong des thos nas thal mo
dod   tan par tchaho   mré pa   trang srong   né

སྦྱར་ཏེ། འདི་སྐད་ཅེས་གསོལ་ཏོ།། བདག་ལ་ཐུགས་བརྩེ་བའི་སླད་དུ་དམ་
sbyar te, hdi skad tches gsol to: bdag la thougs brtse vahi slad dou dam
tcharté, di kad   sol to: dag   tsé   vé   dam-

པའི་ཆོས་བསྟན་དུ་གསོལ་ཞེས་སྨྲས་པ་དང་། བྲམ་ཟེ་དེས་སྨྲས་པ། ཆོས་
pahi tch'os bstan dou gsol jes smras pa dang bram zé des smras pa: tch'os
pé   tan dou sol   mré pa   mré pa:

ལོབས་ཡང་ཆིན་ཏུ་དཀའ་སྟེ། སྡུག་བསྔལ་མང་པོ་མྱོང་བས་ཆོས་ལོབས་པ་ཡིན་
lobs yang chin tou dkah sté sdoug bsngal mang po myong vas tch'os lobs pa yin
lob   ka   doug ngal   nyong vé   lob

གྱིས། འདི་ཙམ་གྱིས་ཆོས་ཐོས་པར་འདོད་པར་རིགས་པ་མ་ཡིན་ནོ།། ཁྱོད་སྙིང་
gyis, hdi tsam gyis tch'os thos par hdod par rigs pa ma yin no. Khyod sñing
dyis, di   dyis   dod par rig pa   ñing

ནས་ཐོས་པར་འདོད་ན། ཁོ་བོས་བསྒོ་བ་བཞིན་དུ་བྱོས་ཤིག། དྲང་སྲོང་གིས་
nas thos par hdod na, kho vos bsgo va bjin dou byos chig. Drang srong gis
né   dod ,   go va jin dou tchos   Trang srong ghis

སྨྲས་པ། སྟོན་པ་ཆེན་པོའི་བཀའ་བཞིན་དུ་མི་འགལ་བར་བགྱིའོ་ཞེས་སྨྲས་པ་
smras pa: ston pa tch'en pohi bkah bjin dou mi hgal var bgyiho jes smras pa
mré pa: ton pa   ka   jin   gal   dyiho   mré pa

དང་། དེ་ལ་འདི་སྐད་ཅེས་བསྒོའོ།། གལ་ཏེ་ཁྱོད་ཀྱི་པགས་པ་བཆུས་ཏེ་ཤོག་
dang dé la hdi skad tches bsgoho: gal té khyod kyi pags pa bchous te chog
         di kad   goho: pag pa chous té

ཤོག་ཏུ་བྱས་ལ། རུས་པ་ནི་སྨྱུག་གུར་བྱས། ཁྲག་ནི་སྣག་ཚར་བྱས་ཏེ། ངས་
chog tou byas la, rous pa ni smyoug gour byas, khrag ni snag ts'ar byas te, ngas
     tché la   myoug gour tché, thag ni   tché té, ngé

བསྟན་པའི་ཆོས་ཡི་གེར་བྲིས་ན། ཁྱོད་ལ་ཆོས་བསྟོན་ཏོ།། ཞེས་སྨྲས་སོ།། དེ་
bstan pahi tch'os yi ger bris na, khyod la tch'os bston to. Jes smras so. De
tan   pé   gher   ton to.   mré so. Dé

ནས་དྲང་སྲོང་དེས་དེ་སྐད་ཅེས་སྨྲས་པ་ཐོས་ནས་རབ་ཏུ་དགའ་མགུ་རངས་ཏེ།
nas drang srong des dé skad tches smras pa thos nas rab tou dgah mgou rangs té.
né trang srong   kad   mré   né   ga

དེ་བཞིན་གཤེགས་པའི་བསྟན་པ་ལ་བསྐུར་སྟིར་བྱ་བའི་ཕྱིར་པགས་པ་བཅུས་

De bjin   gchegs   pahi bstan pa la bskour stir bya vahi phyir pags pa bchous
Dé jin   cheg   pé   tan pa la   kour   tir   tcha vé dchir pag   pa chous

ནས་ཆོག་ཆོག་ཏུ་བྱས། རུས་པ་ནི་སྨྱུག་གུར་བྱས། ཁྲག་ནི་སྣག་ཚར་བྱས་

nas chog chog tou byas   rous pa ni smyoug gour byas   khrag ni snag ts'ar byas
né   tché   myoug gour tché   th'ag   nag   tché

ནས། དུས་ལ་བབ་ཀྱི་སྨྱུར་དུ་གསུངས་ཤིག་ཅེས་སྨྲས་པ་དང་། བྲམ་ཟེ་ཚིགས་

nas, dous la bab kyi myour dou gsoungs chig tches smras pa dang bram zé ts'igs
né,   soung   chig   mré pa

སུ་བཅད་པ་འདི་དག་སྨྲས་སོ། ། ལུས་ཀྱི་སྤྱོད་པ་རབ་བསྡམས་ཤིང་། ། སྲོག་

sou btchad pa hdi dag smras so   lous kyi spyod pa rab bsdams ching;   srog
    tchad pa   di dag mré so   tchod   dam   ching;

གཅོད་བརྐུ་གཡེམ་མི་བྱའོ། ། ཕྲ་མ་བརྫུན་དང་ཚིག་རྩུབ་དང་། ། འཁྱལ་པ་

gtchod brkou gyem mi byaho; phra ma brdsoun dang ts'ig rtsoub dang   hkhyal pa
tchod kou   yem   tchao; ph'rama dsoun   tsoub   khyal pa

སྨྲ་བར་མི་བྱའོ། ། འདོད་པ་རྣམས་ལ་མ་ཆགས་ཤིག་ཅེ་སྡང་སེམས་ཀྱང་

smravar mi byaho   hdod pa rnams la ma tch'ags chig, jé sdang sems kyang
          tchao   dod pa rnams   tang sem

མེད་པར་བྱ། དན་པར་བལྟ་བ་ཀུན་སྤང་ན། བྱང་ཆུབ་སེམས་དཔའི་སྤྱོད་

med par bya ngan par blta va koun spang na byang tchoub sems dpahi spyod
         tcha   da   va   pang   tchang tchoub sempé tchod

པའོ། ། ཞེས་ཚིགས་སུ་བཅད་པ་འདི་དག་སྨྲས་མ་ཐག་ཏུ་ཡི་གེར་བྲིས་ནས་

paho. Jes ts'igs sou btchad pa hdi dag smras ma thag tou yi ger bris nas
                     tchad pa   di   mré   gher né

འཛམ་བུའི་གླིང་ཀུན་དུ་བསྒྲགས་ཏེ། མི་མང་པོ་ཐམས་ཅད་ཀྱིས་དེ་ལ་སློབ་

hdjam bouhi gling koun tou bsgrags te mi mang po thams tchad kyis dé la slob
djam bouhi ling   dags   té   lob

ཆིང་ཅི་ལྟར་བསྟན་པ་བཞིན་དུ་ནན་ཏན་བྱེད་དུ་བཅུག་གོ། །

tching tchi ltar bstan pa bjin dou nan tan byed dou btchoug go.
                 tan pa jin   tched dou tchoug go.

APPENDICES. — VIII.

ANALYSE GRAMMATICALE.

དེའི་ «de cela», gén. sing. de དེ, pron. démonstr. d'éloignement.

ཚེ་ན་ «au temps», loc. sing. de ཚེ, formé avec ན (n° 21, 7).

ཡུལ་ «pays», forme absolue liée au mot suivant.

བཱ་ར་ན་སཱིར་ «à Bâranasi (Bénarès)», loc. sing. (forme tibétaine) du nom sanscrit de cette ville, transcrit en caractères tibétains.

དྲང་སྲོང་ «ermite» (en sanscrit : *Richi*), forme absolue liée aux noms de nombre qui suivent.

ལྔ་ «cinq», བརྒྱ་ «cent» : «cinq cents».

ཞིག་ «un», article indéfini en rapport avec les noms de nombre précédents. Comparez le français *un cent*, etc.

གནས་ཏེ་ «demeurant», participe présent, ou plutôt locution adverbiale formée avec la racine du verbe et une particule (n° 13).

དེ་དག་གི་ «de ces», gén. plur. du pron. démonstr. d'éloignement formé avec དག (n° 23).

སྟོན་པ་ «l'instituteur, le maître», nom. sing. masc.

ཨུད་པ་ལ་ «Oudpala», nom propre du précédent.

ཞེས་ «ainsi».

བྱ་བ་ participe futur du verbe བྱེད་པ་ «faire», employé avec l'adverbe qui précède pour signifier «ainsi nommé» (littéralement : *sic faciendus*).

དམ་པའི་ « pure », gén. sing. Cet adjectif est au génitif parce qu'il précède immédiatement le substantif ཆོས་ « la loi » (n° 30).

སློབ་ཅིང་བསྒོམས་པ་ལ་ « dans, à l'étude et l'idée », composé indiqué par la présence de ཅིང་ (n° 12) au datif sing.

དགའ་བས་ « par le plaisir », instrum. sing. On peut traduire par le verbe : « parce qu'il se plaisait ».

ཀུན་ཏུ་ « partout », adverbe formé de l'adjectif avec le signe du locatif.

རྒྱུ་ཞིང་ « errant », participe présent formé avec la racine du verbe et une particule (n° 12).

སུ་ལ་ « celui à qui », ཡོད་པ་ « étant, celui qui a », le verbe *avoir* étant remplacé en tibétain par le verbe *être* avec les pronoms au datif (n° 80).

དམ་པའི་ཆོས་ (voir ci-dessus, l. 1 et suiv.).

དེ་ « celui-là », pron. démonstr. au nominatif.

བདག་ལ་ « à moi », pron. pers. de la 1ʳᵉ pers. au datif.

སྨྲ་ན་ « dirait », conditionnel formé avec la racine du verbe et la particule ན་ (n° 77).

ཅི་དང་ཅི་ « tout ce que » (littéralement : « ce que et ce que »).

འདོད་པ་ « désirant », participe présent formé avec la racine du verbe et la particule པ་.

ཡིད་ « esprit, cœur », forme absolue liée au mot suivant.

བཞིན་དུ་ « selon, comme », avec le mot précédent : « selon son esprit, à son gré ».

སྦྱིན་ཞིང་ « donnant », participe présent formé avec la racine du verbe et la particule ཞིང་ (n° 12).

དེའི་ « de lui, de celui-là » (voir ci-dessus, p. 198, l. 1).

གཡོག་ « serviteur », forme absolue.

བྱའོ་ « je suis devant faire, je ferai », participe futur de བྱེད་ suivi de la particule འོ་ (n° 11).

ཞེས་ « ainsi ».

བྱ་བར་ (littéralement : « dans le devoir faire »), participe futur suivi de la particule བ au locatif (n° 21, 4, 7).

བསྒྲགས་པ་ « ayant publié », participe passé, qu'on peut traduire par le prétérit : « il publia ».

དང་ « et ».

བྲམ་ཟེ་ « brahmane ».

ཞིག་ « un », article indéfini se rapportant au précédent.

དེར་ « là », adverbe formé avec le pronom démonstratif et le signe du locatif (n° 89).

འོངས་ནས་ « étant venu », participe passé de འོང་བ་ « venir », à l'ablatif absolu.

དེ་ལ་ « là », adverbe formé avec le signe du dat. ou du loc.

འདི་ « ce », pron. démonstr. de proximité.

སྐད་ « langage, discours ».

ཅེས་ « ainsi », adverbe; le même que ཞེས་, employé avec une autre initiale par euphonie.

སྨྲས་སོ་ « dit », prétérit de la racine སྨྲ་ « dire », avec la particule སོ་ (n° 11).

བདག་ལ་ « à moi » (voir ci-dessus, p. 199, l. 17).

དམ་པའི་ཆོས་ « la loi pure, sainte » (voir p. 199, l. 1).

ཡོད་དོ་ « est », présent du verbe ཡོད་ avec la particule དོ (n° 11).

ཉན་པར་ « entendre », infinitif de ཉན་པ་ (n° 69).

འདོད་ན་ « désirerais », conditionnel formé avec la particule ན (n° 77).

བསྟན་པར་བྱའོ་ « je suis devant enseigner, j'enseignerai », participe futur formé avec la racine du verbe à l'infinitif, et avec བྱ, participe futur de བྱེད་, employé ici comme auxiliaire et suivi de la particule འོ (n° 11).

ཞེས་ « ainsi ».

སྨྲས་པ་ « ayant dit », participe passé de སྨྲ་, qu'on peut traduire aussi par le prétérit : « il dit, il parla ».

དང་ « et ».

དྲང་སྲོང་ « ermite ».

དེས་ « par ce », pron. démonstr. à l'instrum.

ཐོས་ནས་ « ayant entendu », participe passé à l'ablatif absolu.

ཐལ་མོ་ « la paume de la main, les mains ».

སྦྱར་ཏེ་ « joignant », participe présent, ou mieux locution adverbiale formée avec la particule ཏེ (n° 13).

འདི་སྐད་ « ce langage, ce discours » (voir p. 200, l. 20).

ཅེས་ « ainsi » (voir p. 200, l. 22).

གསོལ་ཏོ་ « il pria, demanda », prétérit formé avec la racine du verbe et la particule ཏོ (n° 11).

བདག་ལ་ «à moi» (voir ci-dessus, p. 199, l. 17).

ཐུགས་བརྩེ་བའི་ «de la bienveillance, de la miséricorde», génitif singulier.

སྐུད་དུ་ «à cause de, par».

དམ་པའི་ཆོས་ «la loi sainte» (voir ci-dessus, p. 199, l. 1).

བསྟན་དུ་ «enseigner», infinitif ou gérondif formé avec la racine du verbe et la particule དུ་ (n° 69).

གསོལ་ «(je) prie».

ཞེས་སྨྲས་པ་དང་ «ainsi ayant parlé et» ou «il parla ainsi et» (voir ci-dessus, p. 201, l. 13).

བྲམ་ཟེ་ «brahmane».

དེས་ «par ce» (voir ci-dessus, p. 201, l. 17).

སྨྲས་པ་ «ayant dit, dit» (voir ci-dessus, p. 201, l. 13).

ཆོས་ «la loi», forme absolue au nom. sing. en composition avec le mot suivant.

སློབས་ «l'apprentissage», forme du prétérit de སློབ་པ་ prise comme substantif».

ཡང་ «et, aussi».

ཤིན་ཏུ་ «très».

དཀའ་ «difficile».

སྟེ་ «étant», particule servant à former les participes ou plutôt une sorte de locution adverbiale, et ayant souvent à elle seule le sens du verbe *être* (n° 13).

སྡུག་བསྔལ་ «misères», forme absolue en rapport avec le mot suivant.

མང་པོ་ « nombreuses ».

མྱོང་བས་ « ayant éprouvé », locution adverbiale formée avec la racine du verbe et l'une des particules de l'instrumental (n° 98).

ཆོས་ « la loi ».

ལོབས་པ་ « apprise », participe passé de ལོབ་པ་ (voir ci-dessus, p. 202, l. 16).

ཡིན་གྱིས་ « ayant été », locution adverbiale formée avec la racine du verbe et l'une des particules de l'instrumental.

འདི་ « ceci, ce », pron. démonstr. de proximité.

ཚམ་གྱིས་ « assez ».

ཆོས་ « la loi ».

ཐོས་པར་ « entendre », infinitif de ཐོས་པ་ (voir p. 201, l. 5).

འདོད་པར་ « désirer », infinitif de འདོད་པ་ (n° 69).

རིགས་པ་ « convenable, suffisant ».

མ་ « non ».

ཡིན་ནོ་ « il est », verbe accompagné de la particule ནོ་ (n° 11).

ཁྱོད་ « toi », pron. pers. de la 2ᵉ personne.

སྙིང་ནས་ « de cœur », ablatif sing. de སྙིང་.

ཐོས་པར་ « entendre » (voir ci-dessus, l. 14).

འདོད་ན་ « désirerais (désires) » (voir p. 201, l. 6).

ཁོ་བོས་ « par moi », pron. pers. à l'instrum.

བསྒོ་བ་ « prescrivant », participe présent.

བཞིན་དུ་ « comme, selon ».

བྱོས་ཤིག «fais», impératif de བྱེད (voir le n° 75).

དྲང་སྲོང་གིས «par l'ermite», instrum. sing.

སྨྲས་པ «ayant dit» (voir ci-dessus, p. 201, l. 13).

སྟོན་པ «instituteur», en rapport avec l'adjectif suivant.

ཆེན་པོའི «du grand», gén. sing. de ཆེན accompagné de la particule པོ.

བཀའ «ordre».

བཞིན་དུ «suivant, comme».

མི «non, ne, sans».

འགལ་བར «transgresser», infinitif de འགལ་བ.

བགྱིའོ «je ferai», futur de བགྱིད་པ «faire», expression honorifique employée au lieu de བྱེད་པ quand on parle à des supérieurs. La particule འོ est ici jointe au verbe (n° 11).

ཞེས་སྨྲས་པ་དང «il parla ainsi et» (voir p. 201, l. 13).

དེ་ལ་འདིའི་སྐད་ཅེས «là ce discours ainsi» (voir p. 200, l. 19).

བསྒོའོ «il prescrit, il adresse», présent de བསྒོ་བ avec la particule འོ (n° 11).

གལ་ཏེ «si», conjonction.

ཁྱོད་ཀྱི «de toi», pron. pers. au génitif.

པགས་པ «la peau».

བཤུས་ཏེ «ayant écorché», participe passé de བཤུ་བ, formant avec la particule ཏེ une locution adverbiale.

ཤོག་ཤོག་ཏུ «en feuilles», locatif de ཤོག répété pour en faire un distributif.

བྱས་ལ་ « après avoir fait », participe passé de བྱེད་པ avec la particule du datif ou du locatif, ce qui en fait une locution adverbiale.

རུས་པ « l'os, un os ».

ཉེ « même », particule emphatique précisant la personne ou la chose.

སྨྱུག་གུར་ « calame », datif singulier employé comme accusatif (n° 22, 5°).

བྱས་ « ayant fait », participe passé de བྱེད་པ.

ཁག་ནི་ « le sang même ».

སྣ་ཚེར་ « encre », datif ou locatif employé pour l'accusatif, comme ci-dessus, l. 7.

བྱས་ཏེ་ « ayant fait », participe passé; locution adverbiale formée avec ཏེ.

ངས་ « par moi », pronom personnel à l'instrumental.

བསྟན་པའི་ « enseignée », participe passé de སྟོན་པ au génitif, parce qu'il précède le mot suivant (n° 30).

ཆོས་ « loi ».

ཡི་གེར་ « en lettres », locatif de ཡི་གེ.

བྲིས་ན་ « tu écrirais, tu écrivais », conditionnel de འབྲི་བ.

ཁྱོད་ལ་ « à toi », pron. pers. au datif.

ཆོས་ « (la) loi ».

བསྟན་ཏོ་ « j'ai enseigné », prétérit employé ici comme futur : « j'enseignerai » (n° 11, p. 18).

ཞེས་ « ainsi », སྨྲས་སོ་ « il dit » (comp. p. 200, au bas).

རེ་ནས་ « alors », adverbe formé avec le pronom démonstratif d'éloignement suivi du signe de l'ablatif.

དྲང་སྱོང་ « ermite », དེས་ « par ce », དེ་སྐད་ « ce discours », ཅེས་ « ainsi ».

སྨྲས་པ་ « dit », ཐོས་ནས་ « ayant entendu » (p. 200, l. 13 et 18).

རབ་ཏུ་ « très, extrêmement ».

དགའ་མགུ་རངས་ཏེ་ « s'étant réjoui », participe passé et locution adverbiale de མགུ་བ་ « se réjouir », joint à དགའ་ « plaisir » et à རངས་ « joyeux », suivis de la particule ཏེ་.

དེ་བཞིན་གཤེགས་པའི་ « de celui qui va comme (son prédécesseur) », surnom des Bouddhas qui sont supposés faire tous les mêmes actions que ceux qui les ont précédés dans cet état de sainteté. Le mot est composé de དེ་བཞིན་ « comme » et de གཤེགས་པ་ « allant »; il est ici au génitif. C'est l'équivalent du sanscrit *Tathâgata*.

བསྟན་པ་ལ་ « à l'enseignement, à la doctrine », datif sing. de བསྟན་པ་.

བསྐུར་སྟེ་ « en honneur », locatif ou datif.

བྱ་བའི་ « devant être fait », participe futur au génitif de བྱེད་པ་.

ཕྱིར་ « afin de, pour ».

པགས་པ་ « la peau »........
བཤུས་ནས་ « ayant écorché ».
ཤོག་ཤོག་ཏུ་ « feuilles »..... } (voir p. 204, au bas).
བྱས་ « ayant fait »........

རུས་པ་ནི་ « un os même »...
སྒྱུག་གུར་ « calame »......
ཁྲག་ནི་ « le sang »......
སྨྱུག་ཚེར་ « encre »......
} (voir p. 205, l. 3 et suiv.).

བྱས་ནས་ « ayant fait », locution adverbiale formée avec le participe passé et le signe de l'ablatif.

དུས་ལ་ « au temps », c'est-à-dire : « à la mort », locatif singulier.

བབ་ཀྱི་ « étant arrivé », participe passé au génitif de འབབ་པ་, pris ici d'une manière absolue.

མྱུར་དུ་ « promptement », adverbe formé avec དུ་, signe du locatif.

གསུངས་ཤིག་ « enseigne », impératif de གསུང་བ་ (n° 75).

ཅེས་ « ainsi », སྨྲས་པ་ « il dit », དང་ « et » (voir p. 202, l. 9).

བྲམ་ཟེས་ « par le brahmane », instrum. sing. de བྲམ་ཟེ་. Ce cas est employé ici parce que ce nom est le sujet de *il dit* (n° 86).

ཚིགས་སུ་བཅད་པ་ « stances » (littéralement : ཚིགས་སུ་ « en pieds, en membres », བཅད་པ་ « coupé ») (en sanscrit : *gâthâ*).

འདི་དག་ « ces », pron. démonstr. de proxim. au pluriel, en rapport avec le mot précédent.

སྨྲས་སོ་ « il dit » (voir ci-dessus, p. 200, au bas).

ལུས་ཀྱི་ « du corps », gén. sing. de ལུས་.

སྤྱོད་པ་ « l'habitude ».

རབ་ « beaucoup, très ».

བསྡམས་ཤིང་ « ayant contenu, refréné », participe passé de བསྡམ་པ, formé avec une particule (n° 12).

སྲོག་ « vie » གཅོད་ « coupure », composé signifiant « meurtre ».

རྐུ་ « le vol ».

གཡེམ་ « l'adultère ».

མི་ « non ».

བྱའོ་ « sont devant être faits », participe futur (comp. ci-dessus, p. 200, l. 5, et p. 204, l. 11).

གྱུ་མ་ « la médisance ».

བརྫུན་ « (le) mensonge ».

དང་ « et ».

ཚིག་ « parole » རྩུབ་ « rude », composé signifiant « calomnie ».

འཆལ་པ་ « paroles inutiles, bavardage ».

སྨྲ་བར་མི་བྱའོ་ « ne doit pas être dit », participe futur formé avec སྨྲ་བ à l'infinitif et བྱ, participe futur de བྱེད་, employé ici comme auxiliaire, suivi de la particule འོ, et séparé du verbe principal par la négation མི.

འདོད་པ་རྣམས་ལ་ « aux désirs », datif pluriel de འདོད་པ; རྣམས་ signe du pluriel (n° 23).

མ་ « non, ne ».

ཆགས་ཤིང་ « s'attachant », participe présent de ཆགས་པ (voir le n° 12).

ཞེ་སྡང་ « passion, colère, haine », qui, en composition avec le mot suivant

སེམས་ « esprit », signifie « l'esprit de haine ».

ཀྱང་ « et, aussi », répond souvent au *que* latin, qui se met toujours après le nom.

མེད་པར་ « à l'état de non-être ».

བྱ་ « doit être fait », participe futur de བྱེད་ qui, joint au mot précédent, devient auxiliaire et donne le sens de « doit être anéanti », ou de l'impératif : « anéantissez ! ».

ངན་པར་ « à l'état de mal, mal », adverbe formé de ངན་པ་ avec ར་, signe du locatif.

བལྟ་བ་ « vue », joint au mot précédent : « les vues mauvaises ».

ཀུན་ « toutes ».

སྤང་ན་ « abandonnant », littéralement : « dans l'abandon ».

བྱང་ཆུབ་སེམས་དཔའི་ « d'un *Byang tch'oub sems dpah* » (prononcez *Tchang tch'oub sem pa*) (en sanscrit : *Bôdhisattva*), composé de བྱང་ « pureté », ཆུབ་ « absorbé », སེམས་ « l'être », དཔའ་ « fort », et pour sens définitif : « l'être fort absorbé dans la pureté », ou plus nettement, d'après le sanscrit : « l'être uni à l'intelligence suprême, l'être de l'intelligence suprême ».

སྤྱོད་པ་ « l'habitude, la conduite ».

ཨོ་ « c'est » (voir n° 11).

ཞེས་ « ainsi ».

ཚིགས་སུ་བཅད་པ་འདི་དག་ « ces stances » (voir p. 207, l. 18 et suiv.).

སྨྲས་ « dites », participe passé de སྨྲ་བ.

མ་ « sans » བར་ « intervalle » དུ་ « en », « incontinent, aussitôt », les trois mots réunis formant un adverbe.

ཡི་གེར་བྲིས་ནས་ « après avoir écrit en lettres » (p. 205, l. 19), locution adverbiale formée avec ནས, signe de l'ablatif.

འཛམ་བུའི་ « du Djambou », transcription d'un mot sanscrit employé pour désigner l'Inde, suivi ici de la forme tibétaine du génitif.

གླིང་ « continent », en rapport avec le mot suivant.

ཀུན་ཏུ་ « dans tout », adj. au loc. sing. ou adv. « partout » (voir p. 199, l. 8).

བསྒྲགས་ཏེ་ « ayant publié » (voir p. 200, l. 10), locution adverbiale formée avec ཏེ.

མི་ « (les) hommes », forme absolue en rapport avec le mot suivant.

མང་པོ་ « nombreux ».

ཐམས་ཅད་ « tous », en rapport avec les deux mots qui précèdent.

ཀྱིས་ « par », signe de l'instrumental à joindre au mot précédent.

དེ་ལ་ « à ces (stances) », datif pour l'accusatif.

སློབ་ཅིང་ « étudiant, apprenant », participe présent de སློབ་བ.

ཇི་ལྟར་ « comme, ainsi ».

བསྟན་པ་ « enseigné », participe passé de སྟོན་བ.

བཞིན་དུ་ « ainsi », corrélatif de ཇི་ལྟར.

དད་བརྩོན་ « effort, application ».

བྱེད་དུ་ « à faire », gérondif formé avec དུ (n° 69).

བཙུག་གོ་ « (se) mirent à », prétérit de འཛུག་པ (employé souvent pour former le verbe causal) suivi ici de la particule ོ༹ (n° 11).

TRADUCTION LITTÉRALE.

En ce temps-là, dans le pays de Bénarès demeuraient cinq cents ermites (en sanscrit : *Richis*). Le précepteur de ces ermites, nommé Oudpala, parce qu'il se plaisait à étudier et à méditer la bonne Loi, allait en tout lieu en faisant cette annonce : « Celui qui ayant la bonne Loi me la dira, tout ce qu'il voudra, suivant son désir, je le lui donnerai; je serai son serviteur. » Un brahmane, étant venu là, lui parla ainsi : « J'ai la bonne Loi; si tu désires l'entendre, je te l'enseignerai. » L'ermite, en l'entendant, joignit les mains et le pria en ces mots : « Par bonté pour moi, daigne m'enseigner la bonne Loi! » Ce brahmane dit : « Apprendre la Loi est très-difficile, et c'est en éprouvant des souffrances nombreuses qu'elle est apprise. Il n'est donc nullement suffisant de désirer entendre la Loi (pour qu'on vous l'enseigne). Si, de cœur, tu désires l'entendre, agis selon mes prescriptions. » L'ermite dit : « J'agirai selon les ordres du grand maître sans m'en écarter. » Il parla ainsi, et (le brahmane) lui donna cette instruction : « Si, après avoir écorché ta peau et en avoir fait des feuilles (de parchemin); (si, après avoir) fait d'un (de tes) os un calame, et (avoir) fait de ton sang de l'encre, tu écris la Loi enseignée par moi, je suis prêt à te l'enseigner. » Il parla ainsi, et l'ermite, ayant entendu ces paroles, fut rempli de la plus grande joie. Puis, afin de rendre hommage à la Loi du Déjinchegpa (en sanscrit : *Tathâgata*), ayant écorché sa peau et en ayant fait des feuilles (de parchemin), ayant fait d'un (de ses) os un calame et de (son) sang de l'encre, il dit : « (Je suis) près de mourir, vite instruis-(moi) ! » Le brahmane récita ces stances : « Réprimant bien les habitudes du corps, ne commettez ni meurtre, ni vol, ni adultère. La médisance, le mensonge, la calomnie, les discours inutiles ne doivent pas être dits. Ne vous attachez pas aux désirs. Anéantissez l'esprit de haine et évitez toute vue fausse ; d'un Tchangtchoubsempa (en sanscrit : *Bôdhisattva*) voilà la conduite ! » Aussitôt ces stances prononcées, (l'ermite) les écrivit, et, les ayant publiées partout dans le pays du Djambou (l'Inde), tous les hommes, en grand nombre, les apprirent et s'efforcèrent d'agir suivant cet enseignement.

IX.

PROSODIE.

En adoptant les systèmes religieux de l'Inde, les Tibétains ont accepté tout le langage poétique emprunté à la mythologie brahmanique; mais, quoiqu'ils aient traduit plusieurs livres de poésies, ils n'ont pas adopté les mètres usités en sanscrit, parce que la langue tibétaine ne distingue pas les syllabes brèves ou longues; aussi les vers tibétains ne diffèrent guère de la prose.

Toutes les compositions poétiques consistent en une sorte de vers blanc, et ne diffèrent entre elles que par le nombre des syllabes. La rime n'est usitée que dans quelques circonstances.

Les pièces de vers qui se présentent dans le *Kandjour* et le *Tandjour,* ou dans les autres livres empruntés à l'Inde, ont été généralement traduites par les Tibétains en vers blancs de sept syllabes chacun, et groupés en stances de quatre lignes. Mais, dans les invocations ou bénédictions, au commencement ou à la fin de quelques traités, on rencontre parfois des vers de neuf, onze, treize syllabes, ou plus.

Il faut remarquer, en comptant les syllabes, que les diphthongues པའི, བའི, etc. ne comptent que pour un pied.

Il en est de même quand l'*a* inhérent à toutes les consonnes rencontre འ ou une voyelle, comme བར, དར, etc.

Voici, comme exemples de poésie, quelques stances empruntées au ལེགས་པར་བཤད་པ་རིན་པོ་ཆེའི་གཏེར «Trésor des belles paroles», ouvrage composé par le célèbre Sa-skya-pandita, qui florissait au XIIIᵉ siècle, au temps de Gingis-khan et de ses successeurs, et qui résidait dans le couvent de Saskya, dans la province de Tsang, au Tibet :

I.

མཁས་པའི་དུང་དུ་མཁས་པ་བས། །
སྦྱིན་འཛིན་པ་ཁྱད་པར་འཕགས། །
སྦྲེ་འཛིན་མར་དང་བས་ཀྱིས་མཆོད། །
མཁས་པ་ལག་པ་སྦྱོར་པར་འགྲོ། །

II.

མཁས་པ་རང་གི་སྐྱོན་ཤེས་ཀྱི། །
མཁས་པོ་གཞན་པའི་རྟེན་དུ་འབྱུང་། །
ཁྱི་ཀུན་རྒྱུ་ཙོ་གཏོན་པ་ན། །
རྒྱ་མཚན་མེད་པར་གཞན་རྣམས་རྒྱུག། །

III.

ཤེས་པ་ཡིས་ཀྱང་དོན་འགྲུབ་པ། །
བྱང་ཡར་མཁས་རྣམས་ག་ལ་སློབ། །
ལེགས་པར་བསྒྲུབས་ཀྱང་དོན་སྦྱོར་མེད། །
དེ་ལ་མཁས་རྣམས་ཁྱེལ་པ་མེད། །

IV.

ཆོས་རྒྱལ་དགྲ་དང་ཕྲད་པ་ན།
ལྷག་པར་རང་གི་འཁོར་ལ་བྱམས།
ན་བའི་བུ་ལ་ཁྱད་པར་དུ།
མ་ནི་གདུང་སེམས་སྐྱེ་བར་འགྱུར།།

I.

Auprès des ignorants, un preneur de singes est beaucoup plus estimé qu'un savant (ou un sage); le preneur de singes est servi avec du beurre et des mets; le savant s'en va les mains vides.

II.

Un sage connaît (la raison de) sa conduite; le fou va à la suite de celui qui a du renom. Quand un vieux chien a aboyé, les autres, sans qu'il y ait de raison, se mettent à courir.

III.

Quoiqu'on puisse, par de mauvaises actions, atteindre son but, où sont les sages qui ont le désir (de l'atteindre ainsi)? Lorsque, malgré de louables efforts, le but n'est pas atteint, les sages ne sont pas honteux pour cela.

IV.

Un roi vertueux, quand il rencontre l'ennemi, est encore plus affectueux pour ses sujets; c'est surtout quand son enfant est malade, qu'une mère a l'esprit inquiet.

INDEX.

I.

Ablatif, p. 27, 8°; 37. — Syntaxe de l'ablatif, p. 97.

Abréviations, p. 136.

Accusatif, p. 26, 5°. — Prend quelquefois les particules du datif et du locatif; voy. p. 92 les trois premiers exemples du n° 100. — Syntaxe de l'accusatif, p. 96.

Adjectifs, p. 32. — Déclinaison des adjectifs, p. 34.

Adverbes de temps, p. 80; — de lieu, p. 81; — de manière, p. 82; — de quantité, p. 83; — de négation, p. 84.

Affixes, p. 12.

Animaux (Noms des) qui servent à distinguer chaque année du cycle de douze ans, p. 147, 150.

Article, p. 20.

« Avoir »; manière de rendre ce verbe en tibétain, p. 62, 2°; 68, n° 80.

Cas, p. 25, 28.

Causal (Verbe); formation de ce verbe, p. 79.

Comparaison (Degrés de), p. 36.

Construction de la langue tibétaine, p. 88, 99, 100.

Cycle de douze ans, p. 147; — de soixante ans, suivant les Indiens, p. 151; suivant les Chinois, p. 154, 156.

Datif, p. 26, 4°. — Syntaxe du datif, p. 100.

Déclinaison, p. 25. — Forme générale de la déclinaison, p. 28. — Déclinaison des noms, p. 29; — des noms de nombre, p. 25, n° 21; — des adjectifs, p. 25, 34; — des participes, p. 25, n° 21; — des pronoms, p. 49 et suiv.

Diminutifs, p. 24.

Éléments (Noms des dix) employés pour compter le temps, p. 149.

Fréquentatif (Verbe); sa formation, p. 80.

Futur, p. 58.

Génitif, p. 26, 3°; 32, n° 30. — Syntaxe du génitif, p. 91.

Genre, p. 22. — Les particules indiquant le genre sont tantôt exprimées et tantôt supprimées, p. 88, n° 93.

«Il y a»; traduction de cette locution française, p. 71.

Imparfait, p. 56.

Impératif, p. 20, 59 et 96.

Indicatif, p. 55.

Infinitif, p. 54.

Instrumental, p. 25. — Syntaxe de l'instrumental, p. 90.

Interjections, p. 85.

Lettres; leur forme et leur prononciation, p. 1 et 108. — Règles pour l'emploi des lettres préfixes, p. 105. — Leur classification d'après les grammairiens tibétains, p. 106.

Locatif, p. 27, 7°. — Syntaxe du locatif, p. 92.

«Moins, moins de»; manière de rendre ces locutions en tibétain, p. 102.

Monosyllabes, p. 21.

Mots symboliques servant de noms de nombre, p. 157.

Négation (La) précède immédiatement le verbe, p. 103.

Nom, p. 21. — Syntaxe du nom, p. 88.

Nominatif, p. 25, 1°. — Syntaxe du nominatif, p. 90.

Noms de nombre, p. 38. — Déclinaison des noms de nombre, p. 25, n° 21.

Parfait et plus-que-parfait, p. 56, n° 71.

Participe présent, p. 53, 57; —

passé, p. 56; — futur, p. 59, 3°; 78.

Particules, p. 14, 88.

*Pluriel (Signes du), p. 27, 28.

Point intersyllabique, p. 2.

Ponctuation, p. 2.

Préfixes, p. 11. — Règles pour leur emploi, p. 105 et suiv. — Leur prononciation d'après les grammairiens tibétains, p. 108.

Prépositions sanscrites traduites en tibétain, p. 165. — Liste alphabétique de leurs équivalents tibétains, p. 191.

Présent, p. 55. — Employé pour le futur et le passé, p. 101.

Prétérit, p. 56.

Pronoms, p. 46; — de la première personne, p. 46, 49; — de la deuxième personne, p. 49; — de la troisième personne, p. 50; — possessifs, p. 50; — démonstratifs, p. 51; — interrogatifs, p. 52; — relatifs, p. 52; — réciproques, p. 53.

Prononciation des lettres simples, p. 3; — composées, p. 6; — préfixes, p. 109.

Subjonctif, p. 61.

Substantifs abstraits (Formation des), p. 34, n° 33.

Superlatif, p. 37; — sans comparaison, p. 37.

Syntaxe, p. 88.

Temps (Manière de compter le), p. 146.

Termes respectueux et vulgaires, p. 127.

Verbes, p. 53. — Formation des temps des verbes, p. 54, 110; — actifs et passifs, p. 79, 100; — actifs non transitifs, p. 101; — dérivés des neutres, p. 122.
— Syntaxe des verbes, p. 99 et suiv.

Vocatif, p. 26, 6°.

II.

ཀ *ka*, p. 15, 15°.

ཀུན *koun* indique quelquefois le pluriel, p. 27.

ཀྱང *kyang*, conjonction, p. 84. — Son emploi avec un adjectif répété, p. 36, n° 38.

ཀྱི *kyi*, signe du génitif, p. 26, 3°. — Forme certaines locutions absolues, p. 57.

ཀྱིན *kyin* sert à former l'indicatif des verbes, p. 56, 4°.

ཀྱིས *kyis*, signe de l'instrumental, p. 25, 2°.

ཀྱེ *kye*, particule qu'on met devant le vocatif, p. 26, 6°.

ཁ *kha*, p. 15, 16°.

མཁན *mkhan* sert à former certains noms verbaux, p. 54.

ཁོ་བོ *kho vo*, ཁོ་མོ *kho mo*, pronom de la première personne, p. 46.

ཁོ *kho*, pronom de la troisième personne, p. 48, 50. — Au génitif, il sert de pronom possessif, p. 50.

ཁོ་པ *kho pa*, ཁོ་མ *kho ma*, pronom de la troisième personne, p. 48.

ཁོང *khong*, ཁོང་པ *khong pa*, ཁོང་མ *khong ma*, pronoms de la troisième personne, p. 48.

ཁྱེད *khyed*, ཁྱོད *khyod*, pronoms de la deuxième personne, p. 47, 49. — Employés au génitif, ils servent de pronoms possessifs, p. 50.

ཁྲི *khri* «dix mille»; son emploi, p. 43.

ག *ga*, p. 15, 17°; — préfixe, p. 11, 118.

གང *gang*, pronom interrogatif, p. 52.

गི *gi,* signe du génitif, p. 26, 3°.

གིན *gin* sert à former l'indicatif, p. 56, 4°.

གིས *gis,* signe de l'instrumental, p. 25, 2°.

གེ *ge,* p. 15, 19°.

དགུ *dgou* indique quelquefois le pluriel, p. 27.

གྱི *gyi,* signe du gén. p. 26, 3°.

གྱིན *gyin* sert à former l'indicatif, p. 56, 4°.

བགྱིད *bgyid* «faire», terme honorifique, p. 77.

བརྒྱ *brgya* «cent» indique quelquefois le pluriel, p. 27.

འགྱུར *hgyour* (prononcez *djour*), verbe neutre et auxiliaire, p. 73, n° 82.

འགྲོ *hgro* «aller» (Conjugaison du verbe), p. 71.

ང *nga,* particule, p. 15, 18°. — pronom, p. 46, 49.

ངེ *nge,* p. 15, 20°.

ངེད *nged,* p. 47.

ངོས *ngos* ou དངོས *dngos,* p. 47.

མངའ *mngah* sert à former des adjectifs, p. 34, n° 35. — Verbe substantif, p. 63, 8°.

ཅག *tchag,* signe du pluriel, p. 27.

ཅན *tchan,* suffixe formant des adjectifs, p. 34, n° 35.

ཅི *tchi,* pron. interrogatif, p. 52. — Joint à གང, pronom relatif, p. 53.

ཅིག *tchig,* p. 20, 61.

ཅིང *tching,* p. 18.

ཅུ *tchou,* forme de བཅུ *btchou* après une consonne, p. 41, n° 42.

ཅེ་ན *tche na,* p. 85.

ཅེས *tches,* p. 82.

ཅོག *tchog,* signe du pluriel, p. 27.

བཅས *btchas,* affixe formant des adjectifs, p. 34, n° 35.

བཅོ་ལྔ *btcho lnga,* བཅོ་བརྒྱད *btcho brgyad,* employés au lieu de termes anciens, p. 41, 3°.

ཅིག *tch'ig*, forme de གཅིག *gtchig* devant les dizaines, p. 41, 1°.

ཆུང *tch'oung*, diminutif, p. 24.

མཆིས *mtch'is*, verbe substantif, p. 63, n° 78, 7°.

མཆོག་ཏུ *mtch'og tou* sert à exprimer le superlatif sans comparaison, p. 38.

ཆེས *tch'es*, employé avec les adjectifs pour indiquer l'excellence ou l'infériorité, p. 37.

ཇི *dji*, pronom relatif joint à གང *gang*, p. 53.

ཇེ *dje*, employé pour exprimer le superlatif, p. 37.

ཉིད *ñid* sert à former des substantifs abstraits, p. 34. — S'emploie avec certains pronoms, p. 46, 47, 48 et 51. — Pronom réciproque, p. 53.

ཉིས *ñis*, forme de གཉིས *gñis* devant les dizaines, p. 41, 1°.

སྙེད *sñed*, explétif, p. 42.

ཏམ *tam*, p. 17.

ཏུ *tou*, signe du datif, p. 26, 4°. — Souvent confondu avec le locatif, p. 27, 7°. — Forme des infinitifs et des gérondifs, p. 55.

ཏེ *te*, p. 19, n° 13; 58, n° 73.

ཏོ *to*, p. 17.

སྟེ *ste*, p. 19, n° 13; 58, n° 73.

ཐམ་པ *tham pa*, explétif; son emploi, p. 41, 4°.

ཐམས་ཅད་ལས *thams tchad las*, employé pour exprimer le superlatif, p. 37.

མཐའ་དག *mthah dag* indique quelquefois le pluriel, p. 27.

ད *d*, préfixe, p. 11, 119.

དག *dag*, signe du pluriel, p. 27.

དུ *dou*, signe du datif, p. 26, 4°. — Souvent confondu avec le locatif, p. 26, 4°. — Forme des infinitifs et des gérondifs, p. 55.

དེ *de*, pronom, p. 51. — particule, p. 19, n° 13 ; 58, n° 73.

བདག *bdag*, p. 46. — Au génitif, on l'emploie comme pronom possessif, p. 50. — Pronom réciproque, p. 53.

གདའ *gdah*, verbe substantif, p. 63, 6°.

འདི *hdi*, pronom, p. 51.

འདུག *hdoug*, verbe substantif et auxiliaire, forme des indicatifs, p. 56, 4° ; 63, 3°. — S'emploie au parfait et au plus-que-parfait, *ibid.*

ལྡན *ldan*, affixe formant des adjectifs, p. 34.

ན *na*, signe du locatif, p. 27, 7° ; du conditionnel, p. 61, n° 77.

ནམ་ཡང *nam yang* «jamais», adverbe de temps, p. 80, n° 89.

ནས *nas* (prononcez *né*), signe de l'ablatif, p. 27, 8°. — Forme avec les verbes certaines locutions absolues, p. 57, n° 73.

ནི *ni*, p. 15, 21°.

གནས *gnas*, verbe subst. p. 64, 11°.

རྣམ་པར *rnam par* sert à exprimer le superlatif sans comparaison, p. 38. — Préposition, p. 192, 37°.

རྣམས *rnams*, signe du pluriel, p. 27.

སྣང *snang*, verbe substantif et auxiliaire, p. 56, 4°, et 64, 12°.

པ *pa*, p. 14 et 15, 1°, 7°, 8°, 9°, 10° ; 23, 18°, 19° ; 53, n° 67 ; 54, n° 68.

པས *pas* (prononcez *pé*), signe de l'instrumental, sert à exprimer la comparaison, p. 37.

པོ *po*, p. 14, 4° ; 15, 9°, 12° ; 22, n° 16 ; 23, n° 19 ; 68.

ཕོ *pho*, p. 22.

ཕྱེད *phyed* (prononcez *tch'ed*) ; emploi de ce mot avec certains noms de nombre, p. 43.

ཕྲག *phrag*, explétif; son emploi, p. 41, 4°.

བ *b* préfixe, p. 11, 120.

བ *va* ou *ba*, p. 15, 11°, 12°, 13°, 14°; 23, n°ˢ 18, 19.

བས *vas* (prononcez *vé*), signe de l'instrumental, employé pour exprimer la comparaison, p. 37.

བུ *bou*, diminutif, p. 24.

བོ *bo*, p. 14, 5°; 22, n° 16.

བྱ *bya* (prononcez *tcha*), signe du participe futur. — Forme aussi des adjectifs, page 36, n° 37.

བྱེད *byed* (prononcez *tched*) «faire», verbe actif et auxiliaire, p. 73, n° 82.

བྱེད་པ *byed pa* (prononcez *tched pa*) sert à former certains noms verbaux, p. 54, n° 68.

བྲལ *bral*; son emploi dans la formation des adjectifs négatifs, p. 36.

མ *ma*, p. 14, 3°, 8°, 13°; 23, n°ˢ 18, 19.

མ *ma*, terminaison des deux g. p. 34, n° 34.

མ *ma*, négation; son emploi dans la formation des adjectifs négatifs, p. 36.

མ *m* préfixe, p. 11, 120.

མི *mi*, négation; son emploi dans la formation des adjectifs négatifs, p. 36.

མེད *med*, négation; son emploi dans la formation des adjectifs négatifs, p. 36.

མོ *mo*, p. 15, 6°, 10°, 14°; 22, n° 16; 23, n°ˢ 17, 19; 54, n° 68.

མོད *mod*, p. 63, 9°.

རྩ *rtsa*, explétif employé avec les noms de nombre, p. 41, 4°.

ཚར *ts'ar*, auxiliaire employé avec le prétérit, p. 57.

འཚལ *hts'al*, p. 63, 10°.

ཚོ་ *ts'o*, explétif employé avec les noms de nombre, p. 42.

ཚོགས་ *ts'ogs* indique quelquefois le pluriel, p. 27.

མཛད་ *mdsad* «faire», terme honorifique, p. 61, 78.

ཞིག་ *jig*, p. 20, 52, 61.

ཞིང་ *jing*, p. 18.

བཞིན་ *bjin*, verbe substantif et auxiliaire, p. 56, 4°; 64, 13°.

བཞུགས་ *bjougs*, p. 63, 4°.

ཞེ་ན་ *je na*, p. 85.

ཞེས་ *jes*, p. 82.

ཟིན་ *zin*, auxiliaire employé avec le prétérit, p. 57.

འ་ *h* préfixe, p. 11, 121.

འ་ཚག་ *ha tchag*, འུ་ཚག་ *hou tchag*, འུ་བུ་ཚག་ *hou bou tchag*, འུ་སྐོལ་ *hou skol*, ཧོ་སྐོལ་ *ho skol*, p. 47.

འང་ *hang*, conjonction, p. 84. —

Son emploi avec un adjectif répété, p. 36.

ཧམ་ *ham*, p. 16.

ཧི་ *hi*, signe du génitif, p. 26, 3°.

ཧིན་ *hin* sert à former l'indicatif, p. 56, 4°.

ཧིས་ *his*, signe de l'instrumental, p. 25, 2°.

ཧུ་ *hou*, diminutif, p. 24.

ཧོ་ *ho*, p. 17, 57, 64.

ཧོས་ *hos* employé comme affixe pour former des adjectifs, p. 35.

ཡང་ *yang*, conjonction; son emploi avec un adjectif répété, p. 36.

ཡང་དག་པར་ *yang dag par* sert à exprimer le superlatif sans comparaison, p. 38.

ཡས་ *yas* (prononcez *yé*); son emploi dans la formation des adjectifs négatifs, p. 36.

ཡི་ *yi*, signe du génitif, p. 26, 3°.

ཡིན་ *yin*, verbe substantif et auxiliaire, p. 62, 1°. — Sert à former l'indicatif, p. 56, 4°.

ཡིན་པར་ *yin par* «être»; sa conjugaison, p. 65.

ཡིས་ *yis*, signe de l'instrumental, p. 25, 2°.

ཡུ་བུ་ཚག་ *you bou tchag*, p. 47.

ཡོངས་སུ་ *yongs sou* sert à exprimer le superlatif sans comparaison, p. 38.

ཡོད་པ་ *yod pa*, affixe formant des adjectifs, p. 35. — Verbe substantif et auxiliaire, p. 62, 2°.

ཡོད་པར་ *yod par* «être» se joint aux pronoms personnels pour exprimer le verbe *avoir*, p. 68.

ར་ *r*, རུ་ *rou*, signes du datif, p. 26, 4°. — Signes du locatif, p. 27, 7°. — Forment l'infinitif et le gérondif, p. 55.

རང་ *rang*, p. 46. — Employé au génitif comme pronom possessif, p. 50. — Pronom réciproque, p. 53.

རབ་ *rab*, employé pour exprimer le superlatif, p. 37.

རབ་ཏུ་ *rab tou* exprime le superlatif sans comparaison, p. 38.

རུང་བ་ *roung ba*, employé comme affixe pour former des adjectifs, p. 35.

ལ་ *la*, signe du datif, p. 26, 4°. — S'emploie quelquefois à l'accusatif, p. 26, 5°. — Souvent confondu avec le locatif, p. 27, 7°. — Forme avec les verbes certaines locutions absolues, p. 57, n° 73.

ལགས་ *lags*, p. 63, 5°.

ལས་ *las* (prononcez *lé*), signe de l'ablatif, page 27, 8°. — Exprime la comparaison, p. 37.

ཅིག་ *chig*, p. 20. — Avec l'impératif, p. 60. — Avec le subjonctif, p. 61.

ཅིང་ *ching*, p. 18.

ཅིན་ཏུ་ *chin tou* sert à exprimer

le superlatif sans comparaison, p. 38.

ཤེ་ན་ *che na,* p. 85.

ཤེས་ *ches,* p. 82.

ཤོག *chog* s'emploie avec le subjonctif, p. 61.

ཤོས་ *chos,* employé pour exprimer le superlatif, p. 37.

ས་ *s,* affixe, p. 13. — Signe de l'instrumental, p. 25, 2°; 32, n° 28.

སུ་ *sou,* signe du datif, p. 26, 4°. — Signe de l'infinitif ou du gérondif, p. 55. — Souvent confondu avec le locatif, p. 26, 55. — Pronom interrogatif, p. 52. — Pronom relatif, p. 52.

སུམ་ *soum,* forme de གསུམ་ *gsoum* devant les dizaines, p. 41, 1°. — Signifie quelquefois «tiers», p. 43, note.

སོང་ *song,* prétérit du verbe འགྲོ་ *hgro* «aller», p. 72. — Employé comme auxiliaire pour former le passé, p. 57.

ལྷག་པར་ *lhag par,* devant les adjectifs, indique l'excellence ou l'infériorité, p. 37.

ADDITIONS ET CORRECTIONS.

Page 1. Le nom tibétain des consonnes est གསལ་བྱེད་ *gsal byed* (*sal tched*) «qui rend clair». On les nomme aussi ཡན་ལག་ *yan lag* «membre, jointure».

Celui des voyelles est དབྱངས་ *dbyangs* (*dchang*) «voix, modulation».

P. 2. Le signe ི s'appelle en tibétain གི་གུ་ *gi gou*; le signe ུ s'appelle ཞབས་ཀྱུ་ *jabs kyou* «l'éperon»; le signe ེ s'appelle འགྲེང་བུ་ *hgreng bou* «qui se dresse»; et enfin le signe ོ s'appelle ན་རོ་ *na ro*.

Le point intersyllabique se nomme ཚེག་ *ts'eg*. Le signe ། s'appelle ཆད་ *chad* «coupure».

On le nomme :

རྐྱང་ཆད་ ou ཚིག་ཆད་ *rkyang chad* ou *tch'ig chad*, quand il est simple །,

གཉིས་ཆད་ *gñis chad*, quand il est double ༎,

བཞི་བཅད་ *bji bchad*, quand il est quadruple ༎ ༎,

ཚེག་ཆད་ *ts'eg chad*, quand il est surmonté d'un ou de plusieurs points ༈ ༈.

P. 5. Le paragraphe «On rencontre assez souvent, etc.» serait mieux placé au n° 8, ས étant un affixe dans les exemples qui s'y trouvent contenus.

P. 7. Les lettres ཡ, ར et ལ, dont les deux premières changent de forme, quand elles sont surmontées d'une autre consonne, s'appellent alors འདོགས *hdogs* «attachées».

P. 15, 21°. La particule ནི *ni* se nomme en tibétain བརྣན་པའི་ཚིག *brnan pahi ts'ig* «le mot appelant l'attention». Elle répond au mot sanscrit *hi*, qui est souvent aussi une sorte de particule emphatique.

P. 33. A la fin du n° 31, ajoutez :

On rencontre quelquefois certains adjectifs formés avec un génitif suivi d'une particule de genre, comme : བདག་གི་བ *bdag gi ba*, བདག་གི་མ *bdag gi ma* «mien, mienne». Parfois le génitif est immédiatement suivi du locatif, comme :

ང་ཡིར་བྱ་བ་མེད་པ *nga yir* (*yi* + *r*) *bya va med pa* «ce qui ne doit pas être regardé comme à moi, ce qui n'est pas mien»;

བདག་གིར་བྱེད་པ *bdag gir byed pa* «ce qui est mien».

Les mots suivants forment un composé du même genre :

ང་ཡིར་འཛིན་པ *nga yir hdsin pa* «égoïsme, soin de soi-même».

P. 52. A la fin du n° 62, ajoutez :

On rencontre aussi quelquefois :

ཆུ་འི *ts'ou vi*

ཕ་འི ou ཕ་འིར *ph'a vi* ou *ph'a vir* } «celui-ci, celle-ci».

ཕ་གི *ph'a gi*

ཧོ་ནི *ho ni* «celui-là, celle-là».

ADDITIONS ET CORRECTIONS.

P. 88. A la fin du n° 92, ajoutez :

གཞན་གྱི་དོན་དུ་ *gjan gyi don dou* «à cause d'un autre» (littér. «autre de cause à»).

གཉིས་ཀའི་བར་ན་ *gñis kahi var na* «au milieu des deux» (littér. «deux des milieu au»).

གཉིད་མེད་ *gñid med* «sans sommeil, sans repos» (litt. «sommeil sans»); allem. *schlaflos*; angl. *sleepless*.

P. 91. A la fin du n° 98, ajoutez : on trouve quelquefois un datif et un locatif à la suite l'un de l'autre, comme : དཔེར་ན་ *dper na* «par exemple, comme exemple».

P. 108, au bas. Au lieu de n° 132, lisez n° 312.

www.ingramcontent.com/pod-product-compliance
Lightning Source LLC
Chambersburg PA
CBHW050337170426
43200CB00009BA/1625